企业高技能人才职业培训系列教材

CHUANBOLUNJIYUAN
船舶轮机员 环卫（三级）

编审委员会

主　　任	仇朝东
委　　员	顾卫东　葛恒双　葛　玮　孙兴旺　刘汉成　梁　超　赵　进　倪永红 黄明军
执行委员	孙兴旺　瞿伟洁　李　晔　夏　莹　蔡新玉　卞正龙　丁小宏
主　　编	梁　超
副 主 编	倪永红
编　　者	（按姓氏笔画排序） 于雯娟　王兆建　卢成红　吕财玉　吕炳忠　李开广　谷　强　邹秀娟 张彦敏　陈爱青　欧阳鸿林　范　擎　赵学鹏　胡　震　柳晓林　姚立扣 顾剑峰　蒋　琥　薛　群
主　　审	卞正龙　丁小宏

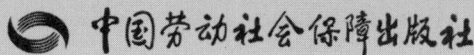

中国劳动社会保障出版社

图书在版编目(CIP)数据

船舶轮机员:环卫:三级/人力资源和社会保障部教材办公室等组织编写. —北京:中国劳动社会保障出版社,2014

企业高技能人才职业培训系列教材

ISBN 978-7-5167-1003-6

Ⅰ.①船… Ⅱ.①人… Ⅲ.①船舶-轮机-职业培训-教材 Ⅳ.①U676.4

中国版本图书馆 CIP 数据核字(2014)第 081981 号

中国劳动社会保障出版社出版发行

(北京市惠新东街1号 邮政编码:100029)

*

三河市华骏印务包装有限公司印刷装订 新华书店经销
787 毫米×1092 毫米 16 开本 13 印张 225 千字
2014 年 5 月第 1 版 2014 年 5 月第 1 次印刷

定价:30.00 元

读者服务部电话:(010) 64929211/64921644/84643933
发行部电话:(010) 64961894
出版社网址:http://www.class.com.cn

版权专有 侵权必究

如有印装差错,请与本社联系调换:(010) 80497374
我社将与版权执法机关配合,大力打击盗印、销售和使用盗版图书活动,敬请广大读者协助举报,经查实将给予举报者奖励。
举报电话:(010) 64954652

内容简介

本教材由人力资源和社会保障部教材办公室、中国就业培训技术指导中心上海分中心、上海市职业技能鉴定中心、上海市城市建设投资开发总公司依据船舶轮机员（环卫）（三级）职业技能鉴定细目组织编写。教材从强化培养操作技能，掌握实用技术的角度出发，较好地体现了当前最新的实用知识与操作技术，对于提高从业人员基本素质，掌握船舶轮机员（环卫）（三级）的核心知识与技能有直接的帮助和指导作用。

本教材既注重理论知识的掌握，又突出操作技能的培养，实现了培训教育与职业技能鉴定考核的有效对接，形成一套完整的船舶轮机员（环卫）培训体系。本教材内容共分为5章，主要包括：船舶基础、船舶动力装置、船用辅机与电气、船舶设备管理、安全管理。

本教材可作为船舶轮机员（环卫）（三级）职业技能培训与鉴定考核教材，也可供本职业从业人员培训使用，全国中、高等职业技术院校相关专业师生也可以参考使用。

前言

企业技能人才是我国人才队伍的重要组成部分,是推动经济社会发展的重要力量。加强企业技能人才队伍建设,是增强企业核心竞争力、推动产业转型升级和提升企业创新能力的内在要求,是加快经济发展方式转变、促进产业结构调整的有效手段,是劳动者实现素质就业、稳定就业、体面就业的重要途径,也是深入实施人才强国战略和科教兴国战略、建设人力资源强国的重要内容。

国务院办公厅在《关于加强企业技能人才队伍建设的意见》中指出,当前和今后一个时期,企业技能人才队伍建设的主要任务是:充分发挥企业主体作用,健全企业职工培训制度,完善企业技能人才培养、评价和激励的政策措施,建设技能精湛、素质优良、结构合理的企业技能人才队伍,在企业中初步形成初级、中级、高级技能劳动者队伍梯次发展和比例结构基本合理的格局,使技能人才规模、结构、素质更好地满足产业结构优化升级和企业发展需求。

高技能人才是企业技术工人队伍的核心骨干和优秀代表,在加快产业优化升级、推动技术创新和科技成果转化等方面具有不可替代的重要作用。为促进高技能人才培训、评价、使用、激励等各项工作的开展,上海市人力资源和社会保障局在推进企业高技能人才培训资源优化配置、完善高技能人才考核评价体系等方面做了积极的探索和尝试,积累了丰富而宝贵的经验。企业高技能人才培养的主要目标是三级(高级)、二级(技师)、一级(高级技师)等,考虑到企业高技能人才培养的实际情况,除一部分在岗培养并已达到高技能人才水平外,还有较大一批人员需要从基础技能水平培养起。为此,上海市将企业特有职业的五级(初级)、四级(中级)作为高技能人才培养的基础阶段一并列入企业高技能人才培养评价工作的总体框架内,以此进一步加大企业高技能人才培养工作力度,提高企业高技能人才培养效果,更好地实现高技能人才

培养的总体目标。

为配合上海市企业高技能人才培养评价工作的开展,人力资源和社会保障部教材办公室、中国就业培训技术指导中心上海分中心、上海市职业技能鉴定中心联合组织有关行业和企业的专家、技术人员,共同编写了企业高技能人才职业培训系列教材。本教材是系列教材中的一种,由上海环境实业有限公司负责具体编写工作。

企业高技能人才职业培训系列教材聘请上海市相关行业和企业的专家参与教材编审工作,以"能力本位"为指导思想,以先进性、实用性、适用性为编写原则,内容涵盖该职业的职业功能、工作内容的技能要求和专业知识要求,并结合企业生产和技能人才培养的实际需求,充分反映了当前从事职业活动所需要的核心知识与技能。教材可为全国其他省、市、自治区开展企业高技能人才培养工作,以及相关职业培训和鉴定考核提供借鉴或参考。

新教材的编写是一项探索性工作,由于时间紧迫,不足之处在所难免,欢迎各使用单位及个人对教材提出宝贵意见和建议,以便教材修订时补充更正。

企业高技能人才职业培训系列教材
编审委员会

第1章 船舶基础

1.1 金属材料 ………………………………………………………………… 3
1.1.1 铸铁、碳钢的分类及用途 ……………………………………… 3
1.1.2 常见金属化学腐蚀的特点及防止方法 ………………………… 5
1.2 船舶结构与强度 ………………………………………………………… 6
1.2.1 船体结构 ………………………………………………………… 6
1.2.2 船体强度 ………………………………………………………… 7
1.3 机械传动 ………………………………………………………………… 8
1.3.1 液力传动的结构、传动方式及特点 …………………………… 8
1.3.2 凸轮机构的组成特点及应用 …………………………………… 10
1.3.3 曲柄连杆机构的组成特点及应用 ……………………………… 10
1.4 机械零件测绘 …………………………………………………………… 11
1.4.1 公差与尺寸 ……………………………………………………… 11
1.4.2 螺纹的规定画法 ………………………………………………… 12

第2章 船舶动力装置

2.1 柴油机主要固定部件 …………………………………………………… 15
2.1.1 机座 ……………………………………………………………… 15
2.1.2 机体 ……………………………………………………………… 16
2.1.3 气缸套 …………………………………………………………… 17
2.1.4 气缸盖 …………………………………………………………… 20
2.1.5 主轴承 …………………………………………………………… 22
2.2 柴油机运动部件 ………………………………………………………… 24
2.2.1 曲轴 ……………………………………………………………… 24
2.2.2 活塞组件 ………………………………………………………… 25
2.2.3 连杆组件 ………………………………………………………… 28

2.3 柴油机的工作过程 …………………………………………………… 30
2.4 柴油机主要系统 ……………………………………………………… 34
　　2.4.1 配气系统 ………………………………………………………… 34
　　2.4.2 燃油系统 ………………………………………………………… 36
　　2.4.3 润滑系统 ………………………………………………………… 39
　　2.4.4 冷却系统 ………………………………………………………… 41
　　2.4.5 调速系统 ………………………………………………………… 42
　　2.4.6 换向系统 ………………………………………………………… 43
　　2.4.7 柴油机的增压 …………………………………………………… 45
2.5 燃油的雾化和燃烧 …………………………………………………… 48
　　2.5.1 着火的条件与燃烧过程 ………………………………………… 49
　　2.5.2 柴油机的运转特性 ……………………………………………… 50
2.6 船舶轴系与螺旋桨 …………………………………………………… 53
　　2.6.1 船舶轴系 ………………………………………………………… 53
　　2.6.2 螺旋桨 …………………………………………………………… 58

第3章　船用辅机与电气　　61

3.1 船用辅机 ……………………………………………………………… 63
　　3.1.1 齿轮泵 …………………………………………………………… 63
　　3.1.2 离心泵 …………………………………………………………… 65
　　3.1.3 船用活塞式空压机 ……………………………………………… 66
　　3.1.4 液压控制阀 ……………………………………………………… 69
　　3.1.5 电动液压舵机 …………………………………………………… 71
　　3.1.6 锚缆机械 ………………………………………………………… 74
3.2 船舶电气 ……………………………………………………………… 76
　　3.2.1 交流电路 ………………………………………………………… 76
　　3.2.2 异步电动机 ……………………………………………………… 77
　　3.2.3 同步发电机 ……………………………………………………… 80
　　3.2.4 直流电动机 ……………………………………………………… 82
　　3.2.5 船舶电网的保护 ………………………………………………… 86

3.2.6　安全用电 ·· 88

第4章　船舶设备管理 93

　　4.1　船舶管路系统管理 ·· 95
　　　　4.1.1　熟悉管路系统资料 ··· 95
　　　　4.1.2　管路系统日常维护 ··· 95
　　4.2　船舶燃、润料管理 ·· 96
　　　　4.2.1　燃油管理 ·· 96
　　　　4.2.2　润滑油管理 ·· 99
　　4.3　船舶动力装置的技术管理（柴油机的应急处理） ············· 104
　　　　4.3.1　柴油机敲缸现象及应急处理 ······························ 104
　　　　4.3.2　柴油机拉缸现象及应急处理 ······························ 105
　　　　4.3.3　曲轴箱爆炸预防措施及应急处理 ························· 106
　　　　4.3.4　烟囱冒火的原因、预防措施及应急处理 ················ 107

第5章　安全管理 109

　　5.1　船舶安全运行与工况管理 ······································· 111
　　　　5.1.1　不同航区、不同工况下主机操纵注意事项 ············· 111
　　　　5.1.2　船舶应变部署 ·· 112
　　　　5.1.3　船舶主辅机发生故障时应采取的措施 ··················· 113
　　　　5.1.4　日常工作安排及安全注意事项 ·························· 115
　　5.2　船舶防污染 ··· 116
　　　　5.2.1　防污染有关法规及规定 ··································· 116
　　　　5.2.2　油污水处理设备 ·· 128
　　5.3　船舶防火防爆安全管理 ·· 131
　　　　5.3.1　轮机防火 ·· 131
　　　　5.3.2　防火防爆安全制度 ·· 133
　　5.4　职务管理 ·· 136
　　　　5.4.1　职务和值班制度 ·· 136

5.4.2 轮机文件及资料管理 …………………………………………… 141
5.4.3 相关法律法规 …………………………………………………… 143

理论知识考试模拟试卷及答案 …………………………………………… 157
操作技能考核模拟试卷 …………………………………………………… 169
附录 ………………………………………………………………………… 187

第 1 章

船舶基础

1.1 金属材料

1.2 船舶结构与强度

1.3 机械传动

1.4 机械零件测绘

船舶基础主要介绍金属材料、船舶结构、机械传动、测绘等。

1.1 金属材料

在船舶轮机设备中，金属材料的应用极其广泛，特别是碳钢、铸铁和各种合金。因此，掌握金属材料在船舶轮机中的应用，对轮机管理具有重要意义。

1.1.1 铸铁、碳钢的分类及用途

1. 铸铁的分类

根据铸铁的性能和用途，铸铁可分为白口铸铁、灰口铸铁、球墨铸铁、可锻铸铁等。

(1) 白口铸铁。碳除少量溶于铁素体外，其余的都以渗碳体的形式存在于铸铁中，断口呈银白色，故称白口铸铁。这类铸铁组织中都存在着共晶莱氏体，性能硬而脆，切削加工困难，很少直接用来制造各种零件。目前，白口铸铁主要用作炼钢原料和生产可锻铸铁的毛坯。

(2) 灰口铸铁。碳全部或大部分以片状石墨存在于铸铁中，其断面呈暗灰色，故称灰口铸铁。

(3) 球墨铸铁。球墨铸铁与灰口铸铁相比，其含碳、硅量高，含锰、硫、磷量低，并且含有少量的镁及稀土元素。球墨铸铁的组织由基体和球状石墨组成。

(4) 可锻铸铁。可锻铸铁是一种具有较高的塑性与韧性的铸铁。但必须指出,可锻铸铁实际上是不能锻造的。

2. 灰口铸铁的牌号及用途

灰口铸铁的牌号和用途见表1—1。牌号中"H""T"分别表示"灰""铁"汉语拼音字母的字首,后面一组数字表示最低抗拉强度（N/mm^2）。

表1—1　　　　　　　　灰口铸铁的牌号和用途

牌号	用途	举例
HT100	用于低负荷的零件	盖、支架、手轮等
HT150	用于中等负荷零件	齿轮箱、底座、工作台、滑板、阀体
HT200，HT250	用于较大负荷的零件	床身、齿轮、飞轮、气缸、活塞、油缸、轴承座、泵体等
HT300，HT350	用于高弯曲应力的零件	齿轮、凸轮、车床卡盘、压力机机身、曲轴、高压泵、滑阀壳体等

3. 球墨铸铁的牌号及用途

球墨铸铁的牌号和用途见表1—2。牌号中"Q""T"分别表示"球""铁"汉语拼音字母的字首,后面第一组数字表示最低抗拉强度（N/mm^2）；第二组数字表示延伸率。

表1—2　　　　　　　　球墨铸铁的牌号和用途

牌号	用途举例
QT370—17 QT400—12	船舶离合器、减速器等的壳体,高压门阀体、阀盖等
QT500—7	机油泵齿轮、柴油机轴瓦盖等
T600—3 QT700—2 QT800—2	曲轴、连杆、凸轮轴、气缸套、齿轮、缸体等
QT1200—1	伞齿轮、减速齿轮、轴等

4. 碳钢的分类及用途

碳素钢简称碳钢,理论上指含碳量小于2.11%的铁碳合金。碳钢在造船工业上占有很重要的地位。在钢的总量中碳钢占90%以上。碳钢的分类方法很多,最常见的见表1—3～表1—5。

表 1—3　　　　　　　　　　按碳钢的含碳量分类

分类	含碳量
低碳钢	<0.25%
中碳钢	0.25%~0.6%
高碳钢	0.6%~2.11%

表 1—4　　　　　　　　　　按碳钢的用途分类

分类	用途举例
碳素结构钢	船舶、桥梁、活塞销、连杆、曲轴等，一般为中、低碳钢
碳素工具钢	刃具、量具、模具等，一般为高碳钢

表 1—5　　　　　　　　　　按碳钢的品质分类

分类	碳钢中有害杂质硫、磷的含量
普通碳素钢	含磷量≤0.045%，含硫量≤0.05%
优质碳素钢	含磷量≤0.035%，含硫量≤0.035%
高级优质碳素钢	含磷量≤0.025%，含硫量≤0.025%

1.1.2　常见金属化学腐蚀的特点及防止方法

1. 化学腐蚀的特点

化学腐蚀是金属与周围物质（干燥气体或非电解质溶液）发生直接化学作用而引起的。腐蚀产物在零件金属表面上沉积形成一层膜，如膜稳定、致密和完整，则将金属与周围物质隔开，阻止腐蚀的继续进行，对金属起保护作用。这种膜的保护作用称钝化，膜称为钝化膜。金属在物质中耐化学腐蚀的能力取决于金属在此物质中所形成的膜的结构和性质。

2. 化学腐蚀的破坏性

金属表面受到外部物质作用而逐渐受到破坏的现象称为腐蚀或锈蚀。轮机设备的腐蚀是非常普遍的，比如柴油机气缸盖、气缸套和活塞冷却水腔的电化腐蚀，活塞顶部和排气阀的高温腐蚀，气缸套外表面和螺旋桨桨叶上的穴蚀等。腐蚀破坏零件的精度、尺寸和形状，使零件产生裂纹、穿孔和断裂现象。

柴油机运转时，燃烧室中的高温高压燃气直接与气缸盖、气缸套和活塞组件接触，燃气中的某些低熔点灰分熔化后附着在零件表面上，在高温下发生化学作用使零件表面受到破坏的化学腐蚀,称为高温腐蚀或钒腐蚀,且零件金属温度越高,高温腐蚀速度越快。

3. 化学腐蚀的防止方法

防止化学腐蚀的方法见表1—6。

表1—6　　　　　　　　防止化学腐蚀的方法

选材	选用耐腐蚀性强的材料
镀保护膜	根据化学腐蚀的原理,涂敷保护层将金属表面与腐蚀介质隔离
燃油选用	选用钒、钠、硫含量少的燃油
加强冷却	加强燃烧室零件的冷却

1.2　船舶结构与强度

1.2.1　船体结构

1. 船体结构的骨架形式

(1) 纵骨架式。纵向骨材较密,尺寸较小,横向骨材较稀,尺寸较大的船体骨架形式称为纵骨架式。大中型船的甲板和船底及某些油船的船中段多采用纵骨架式结构。纵骨架式船体结构纵向强度较好。

(2) 横骨架式。横向骨材较密,尺寸较小,纵向骨材较稀,尺寸较大的船体骨架形式称为横骨架式。横骨架式多用于中小型船舶上,在大型船舶的舷侧、下甲板和首尾部也多采用横骨架式结构。横骨架式船体结构横向强度较好。

(3) 混合骨架式。纵横骨材间距和尺寸相当的骨架形式称为混合骨架式。这种骨架式除了在特殊的场合下,一般很少用到。另外在主船体一部分采用横骨架式,另一部分采用纵骨架式的船体骨架形式也叫混合骨架式。通常在大、中型船舶上,强力甲板和船底部分采用纵骨架式,舷侧、下甲板及首尾端采用横骨架式。混合骨架式船体结构纵、横向强度都较好。

2. 船底主要骨架结构

船底结构按船底的层数可分为单底结构和双底结构。如考虑到骨架形式,船底结构就有横骨架式单底结构、纵骨架式单底结构、横骨架式双底结构、纵骨架式双底结构四种。

单底结构式是没有内底板的单层船底。其结构简单,施工容易,但纵向强度偏弱,抗沉性较差。

双底结构就是在肋板的上缘,横向自船的一舷至另一舷,纵向自防撞舱壁至艉尖舱壁之间加设了一层水密列板,称为内底板。它与船底板之间构成了一个水密的空间,称为双层底。双层底有许多好处,它不仅提高了船舶的抗沉性能,同时,双层底既可以装载水,充分利用底部空间,又可以用压载水来调整船舶的纵倾和横倾,降低船舶的重力,提高船舶稳性。另外,双层底还极大地增加了船舶的纵向强度。

1.2.2 船体强度

1. 纵向强度

船体抵抗纵向弯曲不使整体结构遭受破坏或严重变形的能力称为船体纵向强度。纵向弯曲亦称总纵弯曲,纵向强度亦称总纵强度。

船体纵向弯曲主要有中拱和中垂两种形式。船在波浪上航行时,当船中部浮力大于重力,而两端重力大于浮力时,船体发生中部拱起,两端下垂的纵向弯曲,称为中拱;当船中部重力大于浮力,而两端浮力大于重力时,船体发生中部下垂,两端抬起的现象,则称为中垂。船舶处于中拱状态时,甲板受拉;船舶处于中垂状态时,则甲板受压,船底受拉。船舶在静水中,即使装载比较均衡,也可能产生中拱或中垂变形,由于它的数值较小,处于船体强度所能承受的范围之内。如果在船上的艏、艉尖舱或者中部货舱集中装载数量过多的重物,而相对的船中部或首尾部则出现空舱,就会产生较大的中拱或中垂变形。

船体结构中,甲板、船底板、船侧板、纵舱壁及平板龙骨、中桁材、旁桁材、船底纵骨、甲板纵骨等纵向连续构件,都是保证船舶总纵强度的强力构件。

2. 横向强度

船体抵抗横向变形的能力称为横向强度。

船舶在水中除纵向变形外,还会产生沿横断面方向的横向变形。如水对船壳的压力以及在甲板上和舱底大量装货对甲板和舱底板形成的压力以致船壳、甲板及舱底板发生凹陷;船横向受到波浪的作用,由于左右舷水压力的不对称引起横向框架的歪斜,因此船体结构还必须要有足够的能力来抵抗这些变形。

在船体结构中,横舱壁、肋板、肋骨、横梁及与它们连接的外板、甲板板等都是保证船舶横向强度的构件。

3. 扭转强度

船体抵抗扭转变形和破坏的能力称为扭转强度。

当船斜置在波浪上时，船的首尾受到方向相反的水压力作用，可能使船体产生扭曲和皱折变形，当所装货物堆放在不同的舷侧一边时，也会造成船体扭转变形。另外，当拖船采用梭形顶推作业时，整个船体的阻力集中在船的一舷，易使拖船发生扭转变形。扭转变形严重时，首尾、左右舷的水尺读数不等，左右主机转速不同，甚至轴系发热、舱口撕裂、扶梯脱焊。对于在甲板上开有特大货舱口的船舶，扭转强度特别重要。

4. 局部强度

船体抵抗局部变形或破坏的能力称为局部强度。

船体的某些地方经常受到特殊外力的作用会产生局部变形。如船首处经常受到波浪的严重冲击；靠码头时，两舷受到与码头的碰撞力；触礁、搁浅产生的作用力等都会使外板及相对应的骨架产生局部变形；主机、辅机、锚缆机、舵机等机座和下面的船底板受到较大重量产生的压力，容易产生内凹等局部变形。吊货架，上层建筑的根部以及货舱口等处受到局部集中应力作用，容易产生裂缝等局部变形。

为保证船舶船体的局部强度，通常可采取在局部范围内加大船体构件尺寸，在主机、辅机、锚缆机、舵机下面设置机座并加焊补板，将货舱口开口角隅处做成圆弧形等措施。

1.3 机械传动

1.3.1 液力传动的结构、传动方式及特点

在工程实际中，人们常根据实现往复或回转等运动形式构件的外形特点，把相应的一些机件的组合称为机构。机构起着运动传递和运动形式转换的作用，比如柴油机中的齿轮机构、凸轮机构和连杆机构。

机器是由机构组成的，可以是多种机构的组合体，比如内燃机由齿轮机构、凸轮机构和连杆机构等组合而成。机器也可以是一个最简单的机构，如电动机由定子和转子所组成的双杆回转机构。

1. 液力传动的结构和传动方式

液力传动是利用工作液体的动能变化来实现动力传递，即将液体的动能转变为机

械能。

图 1—1 为液力传动的工作示意图。原动机 1 带动离心泵 2 高速旋转，离心泵通过进水管 8 由储水池 7 吸入液体，液体在离心泵内加速获得动能，即离心泵 2 是将原动机 1 的机械能转换成液体动能的主要装置。由离心泵打出的高速液体，由连接管路 3、导向装置 4 进入涡轮机 5，冲击涡轮机叶片，从而使涡轮机旋转，并由输出轴 9 输出机械能驱动工作机构运动。

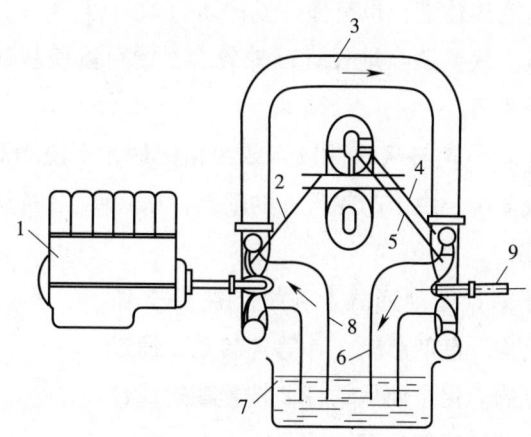

图 1—1 液力传动方式

1—原动机 2—离心泵 3—连接管路 4—导向装置 5—涡轮机 6—出水管
7—储水池 8—进水管 9—输出轴

2．液力传动的特点

（1）无磨损。因为液力传动是利用工作液体作为介质传递动力，泵轮与涡轮之间没有机械直接接触，故没有磨损。

（2）防振隔振作用。能减弱动力机扭振和隔离载荷振动，故可提高动力机和传动装置的寿命。

（3）反转制动性能。反转制动性能稳定。

（4）良好的启动性能。由于泵轮扭矩与其转速的平方成正比，故动力启动时，其载荷甚微，启动时间短，尤其适用于大型设备的启动。

（5）限矩保护性能。在一定的转速下，泵轮、涡轮及导轮的扭矩只能在一定的范围内随着工况而改变，如果外载荷扭矩超过涡轮扭矩，各个叶轮的扭矩也不会超过其固有的变化范围，能起到过载保护的作用。

（6）效率随工况变化。工况的变化对效率影响较大。

(7) 便于远距离操纵,对主、从动轮的对中要求不高,但不适于低速重载场合和精密传动。

1.3.2 凸轮机构的组成特点及应用

1. 凸轮机构的组成特点

凸轮机构是由凸轮、从动件和机架组成的机构。凸轮是一种具有曲线轮廓或凹槽的主动件,一般作等速连续转动,也有作往复移动的。

(1) 凸轮结构优点。只要适当地设计凸轮轮廓,便可以使从动件实现生产要求的运动规律,且结构简单紧凑。

(2) 凸轮结构缺点。凸轮与从动件以点或线相接触,不便润滑,容易磨损;凸轮为曲线轮廓,加工比较复杂;由于凸轮尺寸的限制,从动件工作行程较小。

2. 凸轮机构的应用

凸轮结构主要用于转换运动形式。例如,图1—2所示为船用柴油机配气机构。盘形凸轮1作等速转动,通过主从动件接触点处半径的变化可使从动杆2按预期规律作上下往复移动,从而达到控制气阀开闭的目的。

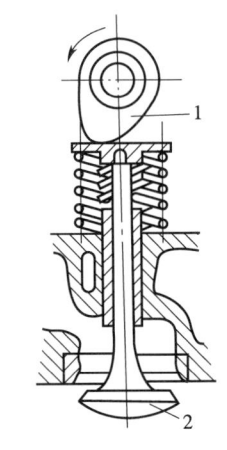

图1—2 船用柴油机配气机构
1—盘形凸轮 2—从动杆

1.3.3 曲柄连杆机构的组成特点及应用

1. 曲柄连杆机构的组成特点

在轮机工程中,通常将曲柄滑块机构称为曲柄连杆机构。

图1—3为柴油机曲柄连杆使用机构示意图。曲柄连杆机构主要由曲柄、连杆、滑块、机架等部分组成。柴油机中的曲柄连杆机构将活塞的直线运动转换为曲柄的旋转运动,从而将功率输出。

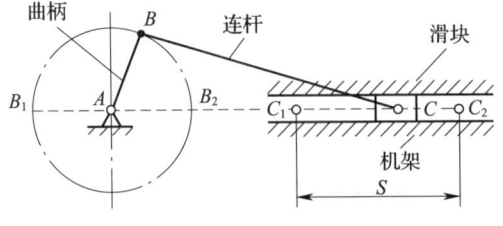

图1—3 曲柄连杆机构

2. 曲柄连杆机构的应用

四冲程柴油机中连杆与活塞相接，工作时活塞的往复运动将产生周期性的大小、方向都变化的往复惯性力。惯性力的大小与加速度成正比，方向与加速度相反。活塞在燃气膨胀做功时，往复惯性力的方向正好与气体力方向相反，致使柴油机做功能力下降，效率降低。四冲程机在换气上止点时，气体力较小，甚至小于此时的往复惯性力，使得连杆受到拉伸作用。往复惯性力将使柴油机产生上下振动。

曲柄连杆机构在柴油机中实现了运动形式的转换，具有十分重要的作用。不仅如此，曲柄连杆机构在船舶辅助机械中的应用也很广泛，如空压机、活塞式制冷压缩机等。

1.4 机械零件测绘

1.4.1 公差与尺寸

1. 公差

在成批生产的相同零件中，任意取一个不经过修配或其他加工，就能顺利装配到机器中去，并能达到规定的技术要求，零件的这种性质叫做互换性。一批同类零件能进行互换的条件是具有相同的几何精度，它包括了尺寸精度、形状精度和位置精度。但在零件的加工中，不可能将每个零件都加工到所要求的统一尺寸，为了保证互换性，必须给每个尺寸规定一个变动的范围，这就是公差。

2. 各种尺寸、偏差与公差

(1) 各种尺寸

1) 基本尺寸。设计时所给定的尺寸，一般为正整数。

2) 实际尺寸。零件加工后，实际测量所得的尺寸。

3) 极限尺寸。允许尺寸变化的两个界限值，在这两个界限值中，数值较大的一个尺寸称为最大极限尺寸，数值较小的一个尺寸称为最小极限尺寸。

(2) 尺寸偏差（简称偏差）。某一尺寸减其基本尺寸所得的代数差。最大极限尺寸减其基本尺寸所得的代数差为上偏差，最小极限尺寸减其基本尺寸所得的代数差为下偏差。偏差可以正值、负值或零。

(3) 尺寸公差（简称公差）。允许零件实际尺寸的变动量。公差值等于最大极限尺寸与最小极限尺寸之差。公差值永远为正值。

1.4.2 螺纹的规定画法

螺纹的画法见表 1—7 所示为视图、剖视图和剖面中、内、外螺纹的各种画法。

表 1—7　　　　　　　外螺纹和内螺纹的画法

各种表达情况	外螺纹的画法	内螺纹的画法	
		穿孔的内螺纹	不穿孔的内螺纹
不剖视	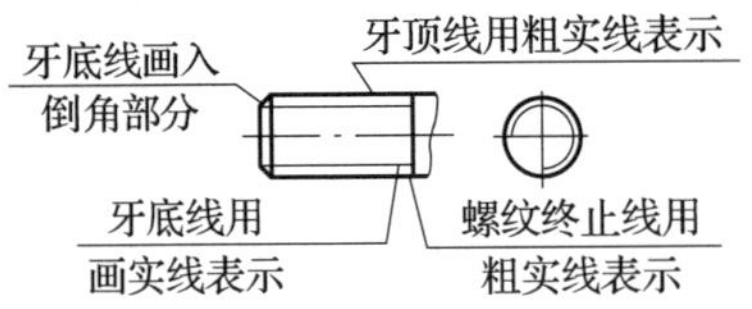	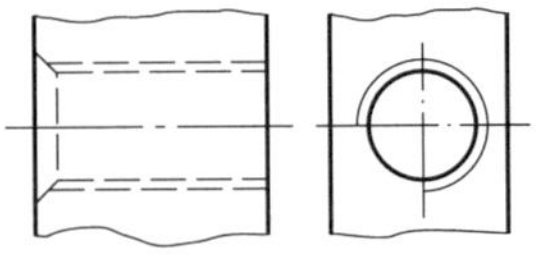	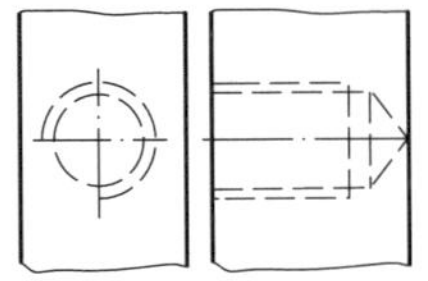
剖切时	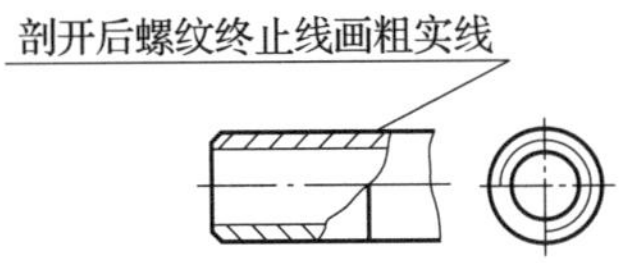	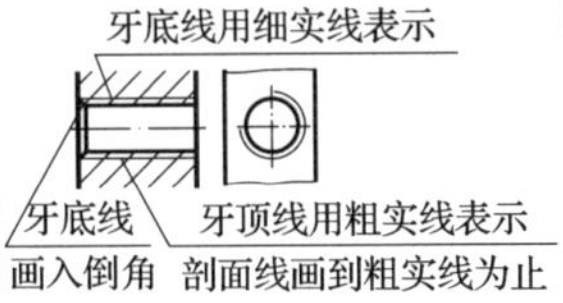	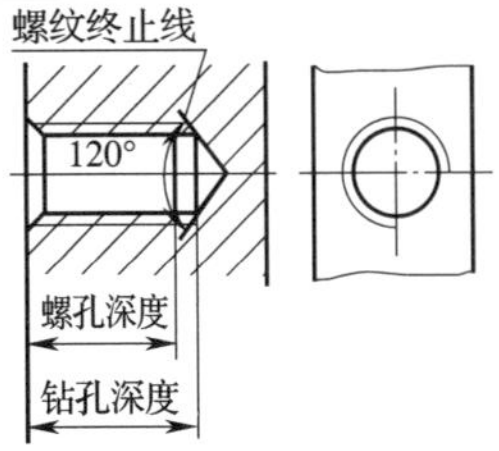
	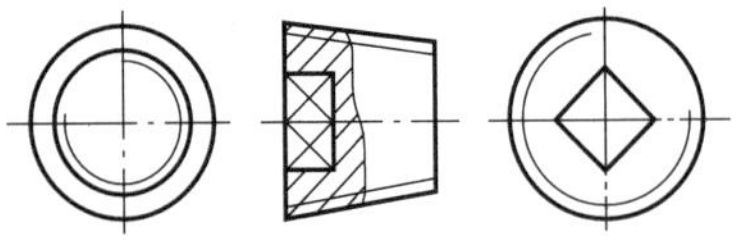	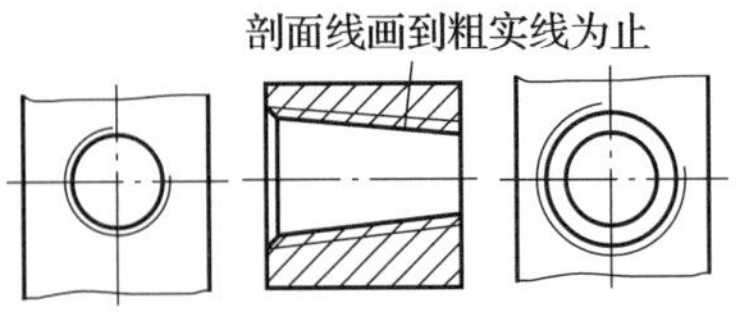	

1. 外螺纹的画法

螺纹大径画粗直线，小径画细直线（小径 d，通常近似地画成大径的 0.85 倍），螺纹中止界线画粗直线表示。

在螺杆投影为圆的视图中，不画倒角圆，应画 3/4 圈小径圆；在另一外形视图中，表示小径的细直线应画入倒角（在剖视图中也应画入倒角）。

2. 内螺纹的画法

螺孔未取剖切时，在不反映为圆的剖视图上，螺纹的大、小径和螺纹界线均用虚线表示。在剖视图中（见表 1—7），小径画粗直线，大径画细直线，螺纹界线画粗直线，剖面线画到小径为止。螺孔一般应将钻孔深度和螺孔深度分别画出，底部的锥顶角应画成 120°。

在螺孔投影为圆的视图中，小径圆画粗直线，大径圆画 3/4 圈细线，不画倒角圆。

第 2 章

船舶动力装置

2.1 柴油机主要固定部件

2.2 柴油机运动部件

2.3 柴油机的工作过程

2.4 柴油机主要系统

2.5 燃油的雾化和燃烧

2.6 船舶轴系与螺旋桨

2.1 柴油机主要固定部件

柴油机主要固定部件包括机座、机体、气缸套、气缸盖、主轴承等,构成柴油机的工作空间及支撑柴油机的所有其他附件及附属识备。

2.1.1 机座

1. 机座安装要求

(1) 确保机座上平面水平。由于机座和底座之间两垫块的一面都制成倾斜度≤100∶1的楔形体,通过调整垫块的不同楔入深度,即可调整机座垫块处的高度,从而调整机座上平面达到水平。

垫块常为铸铁或铸钢,其厚度应在 12~75 mm 之间,以保证其刚度和强度。

(2) 确保机座下面结合紧密、牢固。安装时垫块之间以及垫块与机座或底座之间必须紧密接触,各接触面必须经刨铲、拂刮、研磨等精密加工,使其互接触面积在 60% 以上,并且接触斑点均匀。

要求垫块装入后,在自由状态下(地脚螺栓紧固前)接触面间用厚度为 0.05 mm 的塞尺不能插进。

为了防止紧固的柴油机在运转时产生位移,安装时应对机座全部地脚螺栓孔的 15% 进行铰孔,配制不可互换的紧配螺栓,且紧配螺栓不得少于 4 个。为了给柴油机工作时受热膨胀留出余地,紧配螺栓通常安装在柴油机的机座后端(飞轮端)。

螺栓的紧固，应采用手动工具或液压拉伸器，并按照说明书规定的预紧力和上紧顺序将螺栓上紧。上紧后，用小锤敲击检查螺栓上紧程度，以声音清脆为合格。

机座垫块和地脚螺栓安装质量，直接决定机座主轴承孔（即曲轴主轴颈）的同轴度等重要技术状态，故检修、管理中必须十分重视。

机体与机座以平面贴合，并用短螺栓及贯穿螺栓连接紧固。中小型柴油机采用机体与机座为整体的结构形式，并采用倒置主轴承配以轻便的油底壳。

2．机座的常见故障处理

（1）机座安装在船舶基座上时，应保证支撑面紧密贴合，防止受力后机座变形过大，影响运动部件的对中。

（2）定期检查地脚螺栓上紧度，以防垫块磨损、螺钉松动而造成事故。

（3）如果在检查时发现地脚螺栓松动，应进一步检查垫块配合是否正确，螺栓和螺纹的支撑面是否完好。

（4）运行中应定期检查地脚螺栓的紧固情况，用手触摸凭感觉判断或用小榔头轻敲螺栓，听声音是否不清脆而有浊声。

（5）保持机座内清洁，油底壳排油口的过滤网必须畅通，以防油底壳堵塞。如积油过多，将引起曲柄及连杆大端打击油面，造成油底壳破裂事故。

（6）机座及油底壳大修时应清洁，检查有无裂纹和泄漏现象。若发现裂纹则应用金属扣合法或焊补法进行修补。在拆掉排油口滤网时，必须封堵油口，以防异物落入循环柜中。

（7）检修完毕后，还应检查有无工具或其他物品遗留在机座内。

2.1.2 机体

1．机体的常见故障检查

（1）曲轴箱爆炸。曲轴箱爆炸是指曲轴箱发生剧烈的燃烧并伴随高压的现象，是一种危害极大的事故。不仅导致机件损坏，而且还可能引起机舱失火，甚至人员伤亡。

（2）曲轴箱爆炸的原因。曲轴箱爆炸的主要原因是，曲轴箱内油雾与空气的浓度达到了可爆燃的混合比，并且与此同时曲轴箱内出现了高温热源。

（3）预防措施

1）避免曲轴箱出现热源，管理中保持正常的轴承间隙及良好的润滑，防止轴承过热和烧熔，防止气缸燃气下泄和拉缸故障。

2）保证曲轴箱透气装置正常。曲轴箱上装有透气管，用以将油气引出机舱外，防止油气积聚。应经常检查油气孔，防止污堵。

2．应急处理

（1）发现爆炸现象，如曲轴箱过热、透气管冒大量油气和嗅到油焦味，说明有爆炸危险，应立即降速并加强缸内润滑。此时不能停车或停滑油泵和冷却泵。

（2）爆炸发生并将防爆门冲开后，应立即灭火，但不可马上打开曲轴箱道门或检查孔。

（3）因曲轴箱内某些机件发热而停车，至少停车 15 min 后再开道门检查，以免新鲜空气进入而引起爆炸。

（4）曲轴箱着火时应采用二氧化碳灭火器扑灭。

2.1.3 气缸套

1．气缸套拆装要求

（1）根据柴油机说明书要求或运行实际情况，对气缸套进行检修。

（2）拆卸前，准备好拆卸工具和安全、稳妥的存放地点，以便于缸套的拆卸、清洗和检查。

（3）为了清除冷却水腔内的泥沙和水垢，更换缸套橡胶密封圈，应采用专用工具将缸套拉出。

（4）安装时，缸套下部的橡胶密封圈，无论磨损情况如何，都应按原规格全部换新。

（5）缸套顶部的紫铜垫片应进行回火处理，保证其密封效果。必要时，可以靠改变紫铜垫片的厚度来调整气缸的压缩比。

（6）WD615.68C02C 船用柴油机是采用干式气缸套结构，使用过程中变形极小。气缸套壁厚仅 1.5 mm，装入机体后，其支承肩上平面应高出机体 0.02～0.7 mm，这样既能使缸套不易松动，也使气缸盖衬垫的火力圈部位密封更为可靠。由于气缸套与安装孔之间的间隙较小，在更换气缸套时以应防止变形、碎裂。

2．气缸套的检测方法

缸套的检测主要包括检查和测量。

（1）检查。船上通常采用观察法检查气缸套的缺陷，即通过肉眼观察、手摸或借助放大镜检查缸套内外表面是否存在缺陷。

如发现缸套摩擦表面出现蓝色或红色，则说明缸套工作时温度过高，发生了熔着磨损；如摩擦表面出现纵向拉痕，则说明缸套发生过磨粒磨损；如工作表面粗糙，说明发生了腐蚀磨损；如缸套外表面出现蜂窝状小孔群，则说明出现了穴蚀。此外应着重检查外形突变处和其他应力集中处，观察是否有裂纹出现。

(2) 测量。检修或吊缸时，应测量气缸套的内径，以了解缸套的磨损情况。

1) 测量工具：采用内径百分表或随机专用内径百分表（量缸表）。

2) 测量部位：柴油机缸套的测量部位每次应该是固定的，以便与前次测量结果进行比较，从而了解磨损情况，掌握磨损规律。通常制作有测量定位样板。

在无样板和说明书等资料时，应按规定测量以下四个位置：

①活塞位于上止点时，第一道气环对应的位置。

②活塞位于行程中点时，第一道气环对应的位置。

③活塞位于行程中点时，末道刮油环对应的位置。

④活塞位于下止点时，末道刮油环对应的位置。

通常情况下，将②和③合并为一个位置进行测量。

(3) 测量注意事项

1) 测量前，缸套内注意表面的清洁，以确保测量精度。

2) 注意调校测量量具，确保其读数准确。

3) 测量在缸套内圆确定的部位上，在同一截面的纵向（$Y-Y$）与横向（$X-X$）的缸径。

4) 读取读数，计算缸套的圆度和圆柱度，与说明书进行比照，超过极限应予以维修或换新。

3. 气缸套常见故障

气缸套常见的缺陷有磨损、穴蚀、裂纹、泄漏等。

(1) 气缸套的磨损。正常情况下，铸铁缸套的磨损速度较慢，仅为 0.1 mm/kh，如磨损速度过快则说明缸套内发生了异常磨损。柴油机使用时，主要应设法避免异常磨损。

根据磨损原理，异常磨损可分为熔着磨损、磨粒磨损、腐蚀磨损三种。

1) 熔着磨损（黏着磨损）。摩擦表面之间的润滑丧失，两摩擦表面发生直接接触产生的磨损，称为熔着磨损。该磨损多发生在换新缸套或活塞组件后的磨合期或接近缸套使用寿命的时期。熔着磨损发展严重时，会导致柴油机的拉缸甚至咬缸等严重事故。

2) 磨粒磨损。磨粒磨损主要是由于摩擦表面存在硬质颗粒所造成的。而硬质颗粒的来源，既可能从外部进入，也可能由内部产生。从外部进入气缸内的硬质颗粒，主要是从进气管随空气带入或由进入气缸的燃油或滑油带入；内部产生则是由于燃烧不良产生的积炭或因磨损形成的磨屑所引起。

3）腐蚀磨损。腐蚀磨损与柴油机使用燃油中硫的含量密切有关，并且容易在柴油机温度较低的情况下发生。

（2）气缸套的穴蚀。穴蚀主要发生在缸套的外表面，由冷却水中的空泡腐蚀和电化腐蚀的共同作用造成。穴蚀严重时，孔穴会由外向内击穿缸套而导致漏水，直接影响柴油机的寿命和可靠性。

（3）气缸套的裂纹。中小型柴油机缸套发生裂纹故障很少，但柴油机在全负荷的工况下因缺少冷却水而造成水温过高后，突然供给大量低温冷却水时，就容易导致气缸套的裂纹，因此在管理中应特别注意。

4．气缸套拉缸时的应急处理

（1）必须迅速降低转速，然后停车。

（2）不间断地进行盘车，继续增加活塞冷却。

（3）如因活塞咬死而不能盘车时，可待活塞冷却一段时间后，再进行盘车使其活动。

（4）活塞咬死的情况比较严重时，可向气缸内注入煤油，待活塞冷却后撬动飞轮盘车。

（5）注入煤油时用软金属敲打活塞顶，使其活动。

（6）吊缸检查。

1）应将活塞与缸套表面上的拉缸痕迹用油石仔细磨平，对气缸套进行测量，将量缸表放入缸套的内圆。

①以活塞从上、下止点活塞环所经过的路径部位测量。

②测量同一截面的横向（$X-X$）上、中、下部位。

③测量同一截面的纵向（$Y-Y$）上、中、下部位。

④将每一测量数据填写在表格内。

⑤取出最大圆度与最大圆柱度。

2）损坏的活塞、环必须换新。

3）如活塞和缸套损坏或磨损严重，应予以换新。

4）活塞装复后应进行磨合。

5）磨合时应从低负荷开始逐渐地加负荷并连续运转。

2.1.4 气缸盖

1. 气缸盖拆装要求

(1) 气缸盖拆卸前,每个螺栓、螺母上都应做好标记(如使用的工具不一样,所做的标志也要有区别)。

(2) 拆出气缸盖时,应彻底清除底部积炭,仔细检查有无裂纹。因气缸盖为铸铁材料,如有裂纹,则用焊补法焊补时需谨慎操作,防止因温度不均使裂纹扩展,临时措施可以采用金属扣合法修补,在条件允许的情况下最好更换备件。

(3) 气缸盖安装前,应对冷却水腔进行水压试验,(试验压力为 0.7 MPa)。

(4) 安装时,仔细清洁气缸盖底部与气缸套顶部的结合面、螺栓和螺母的接触面以及气缸盖与气缸盖附件的接触面,以保证燃烧室良好的密封。最好涂一层滑油,既保证密封,又便于下一次拆卸。

(5) 气缸盖螺栓的预紧。对单体式气缸盖,按十字形交叉逐步均匀上紧;对整体式气缸盖(一个气缸盖盖住多个气缸),按从内向外顺序十字形交叉逐步均匀上紧。

2. 气缸盖的常见故障原因

(1) 气缸盖裂纹。最易发生在底板上各阀座孔与喷油器座孔之间(鼻梁区)。

柴油机长期在过高负荷下工作,或工作状态由冷态突然变热,或从热态突然变冷时,气缸盖都容易产生裂纹。

操作维护不当导致裂纹的原因:

1) 柴油机冷车启动后加速过快。

2) 频繁启动、停车,或长时间超负荷运转。

3) 冷却水腔结垢严重造成冷却不良,断水后向过热的缸盖内突加冷却水。

4) 安装气缸盖时,螺栓预紧力不符合说明书要求或各螺栓受力不均等。

(2) 气缸盖翘曲变形。气缸盖翘曲是指其本身发生了塑性变形,使气缸盖各表面失去正确形状。严重时气缸盖底面与气缸套或机体贴合面不平,造成密封失效,引起漏气、漏水,严重时柴油机甚至无法工作。

导致翘曲变形的主要原因:

1) 操作不当使气缸盖螺栓预紧力过大或严重不均。

2) 柴油机长期超负荷运转。

(3) 气缸盖贴合面漏气。少量漏气时,冷却水箱中会出现气泡。由于密封垫片材料不断硬化,气缸盖螺栓不断被加热伸长,泄漏会逐渐严重而引起漏气、漏水和漏油。

严重时燃气吹破密封垫片、大量漏气，迫使柴油机停止工作。

导致贴合面漏气的原因：

1）密封垫片装反、老化或损坏。

2）气缸盖螺栓预紧力不足或严重不均。

3）贴合面有杂质在局部梗垫，或贴合面本身有损伤痕迹。

4）柴油机如负荷重或工作粗暴，也易造成缸盖贴合面漏气。

3. 气阀的拆装及气阀与阀座的铰刮、研磨和检修

柴油机工作时，进、排气阀在冷却和润滑条件都极恶劣的情况下，受气体压力和气阀弹簧力的作用，不断与阀座相撞击、磨损，容易导致气阀密封不严。因此需要定期对气阀进行拆卸检修、研磨，目的是确保气缸的气密性。

(1) 气阀的拆装。将气缸盖正置垫平放在木块上，防止气缸盖下平面划伤。采用专用工具拆装气阀，气阀应放入轻柴油或煤油中浸泡一段时间，并按原配顺序将各缸阀件对应放置，以备检查、研磨。

(2) 气阀与阀座的铰刮、研磨和检修。气阀与阀座在拆卸、清洗后，如发现因磨损导致的轻微局部剥落、灼伤、斑点或积炭等缺陷，可以采用铰刮、研磨的方式进行修复；如座面磨损，气门的接触带变得过宽而密封不良时，可以使用专用铰刀修整，铰刀的选用应根据阀座的磨损情况而决定；如气阀与阀座磨损、腐蚀严重，则必须更换新件。

1) 研磨工艺

①将气缸盖倒置平放在木块上，检查气阀和阀座密封面。如表面麻点较深，可将纱布垫在气阀下，用手按住转动气阀，磨去麻点。

②在气阀密封锥面少量涂抹一层经机油稀释的研磨膏（凡尔砂），用带木柄的橡皮碗吸住阀盘底平面，将阀杆装入导管内，采用拍打与转动相结合的动作进行研磨，直至气阀锥面出现一条连续、整齐的呈暗黑色的环带为止，在经密封性检查合格后完成。

为保证研磨质量并提高研磨效率，上述研磨工艺一般先采用粗砂进行粗研，以纠正粗糙度不良，然后擦净粗砂残留物再用细砂精研，最后擦净细砂残留物，再用机油继续研磨数分钟即可。

2) 研磨注意事项

①研磨前，应将气缸盖倒置在研磨架或方木上，确认稳妥；再将气缸盖清洗干净，将气道、气阀导管、阀座等处的积炭刮洗干净；当进、排气阀阀盘直径相同时、拆卸前应对气阀做好标记，避免混淆。

②研磨过程中，注意用力不要过大，避免气阀与阀座间的大力撞击，使密封锥面接触宽度变大或磨成凹形（正常宽度为 1.5～2 mm）；要注意研磨膏不要涂过量，避免研磨膏进入阀杆和气阀导管之间，破坏正常配合间隙。

③研磨后，注意将气阀、阀座、导管及进、排气道用柴油清洗干净，不允许有任何残留。

4. 气阀气密性的检查方法

（1）画线法。在气阀锥面上沿圆周方向每隔 3～5 mm 用铅笔画一条线。将气阀装入阀座，轻拍数下并转 1/4 圈，取出气阀观察，如所画线条全部中断，表示气阀密封性好，否则应继续研磨。

（2）查漏法

1）将气阀装入阀座，在阀座坑与阀盘接合面间倒入煤油，5 min 后擦净煤油并迅速提出气阀观察，如无油渗入，则表示气密性好。

2）将气阀和气阀弹簧装复，从进气口注入煤油，3～5 min 无渗漏现象，则气密性良好。

2.1.5 主轴承

1. 主轴承的常见故障

（1）过渡磨损。曲轴在主轴承中旋转，为了减少轴的磨损，通常轴承中轴瓦采用较软的材料，因此轴瓦是易损件。如果轴承工作时摩擦面发生了黏着磨损、磨粒磨损和腐蚀磨损，则磨损速度将大大加快，这种超过正常磨损速度的磨损称为过度磨损。过度磨损需要在管理维护中予以避免。

（2）咬黏烧熔。又称熔着磨损，是轴承恶性事故。其主要原因是轴承工作时严重发热，致使减磨合金层软化甚至熔化，在轴颈压力下被拖动，轴表面被撕成不规则形状（合金熔化铺开痕迹，在油孔、油槽及轴瓦边缘明显出现）。严重时，熔化合金甚至黏结在轴颈表面，最终包住轴颈。

导致这种恶性损伤事故的原因：

1）柴油机长期超负荷，轴承比压或摩擦速度过大，使摩擦温度升高。

2）润滑油供应不足，甚至中断。

3）轴承与轴颈间隙过小，润滑油在间隙中流量过小；或轴承与轴颈间隙太大，润滑油流失过多，使轴承工作温度异常升高。

4）润滑油黏度过低，难以在轴与轴承之间形成液体润滑油膜。

5）轴瓦与座孔贴和不良，甚至轴瓦在座孔中转动，不仅不能散发摩擦热量，甚至切断进油口。

6）润滑油中杂质过多，使磨粒磨损太剧烈，摩擦产生热量增大。

（3）合金产生裂纹。该缺陷使合金材料在脉动压力下发生疲劳破坏。疲劳裂纹若向深度延伸并在合金层和瓦背结合面发展，裂纹彼此交换，则会产生合金材料片状剥落。

导致裂纹或剥落的原因：主要是柴油机爆发压力太高，轴颈与轴承配合不良，局部负荷峰值过高，或者轴承与轴颈间隙太大等原因造成轴承冲击负荷过重。另外轴承合金与瓦背黏结性能或质量较差时，轴承合金的龟裂剥落会发生得更快。

（4）腐蚀。腐蚀是由于润滑油中含有有机酸或强酸引起的（烧重油时）。润滑油过期会产生有机酸；而燃烧产物混入润滑油会导致润滑油出现强酸物质。酸性物质使轴承合金产生化学腐蚀和电化腐蚀，酸性成分与减磨合金中游离铅作用使其松脆，脱离本体，使轴瓦表面出现麻点。

（5）划伤。划伤是轴瓦表面有沿转动方向的粗细纹痕。它是由润滑油中的杂质造成的。大颗粒的硬质异粒会造成机械式划伤轴承表面，而留下数条较深的划痕。如果润滑油中有细小的硬质异粒，会在局部区域划出细密划痕或伤痕，使轴承承压面积减小，引起轴承发热或烧熔。

2. 主轴承的维护管理措施

为确保轴承正常工作，并提高其使用寿命，主轴承在维护管理方面应做好以下工作：

（1）确保润滑油的供给状况良好。柴油机启动时，如润滑油系统压力过低，会使轴承间隙单位时间流过的油量不足，摩擦热散发少时轴承温度异常升高；润滑油中如含有杂质，轴承会拉毛甚至发热；如润滑油变质，其酸值会升高，将引起轴瓦腐蚀损坏。所以润滑油的压力、过滤以及限制酸值都必须达到规定要求。

（2）柴油机在操作中，应尽量减少频繁启动或停车。一次启动中的磨损量往往是正常运转几小时的磨损。如启动时燃油量过大，轴瓦受冲击负荷严重，容易产生裂纹。轴瓦许多缺陷都与柴油机负荷过大，尤其是爆发压力过高有关，所以应避免柴油机长期超负荷运转。

（3）注意检查轴承的工作状态。运行中，定期检查各轴承处的油流情况，确保油路通畅，各轴承处润滑油外流不应太大；每次启动前，应压油润滑并监视系统油压是否在规定范围以内；柴油机运转中，应监视主轴承的声响和温度。在曲轴箱下部，如听到较大声响则大多是因为主轴承间隙太大而松动引起的；如曲轴箱壁温度升高，曲轴箱冒烟，很大可能是主轴承磨损异常，此时应立即减速，直至停车，检查主轴承。

（4）定期检查调整轴承间隙。检查曲轴箱时可用撬拨连杆，从大端前后移动情况判别连杆大端与曲柄销是否卡阻。每工作 1 200～2 000 h，检查测量一次主轴承间隙，并在间隙值达到磨损极限之前，调整间隙或更换轴瓦。若条件允许，在停止柴油机运转后，不要马上停止润滑油的供应。

（5）更换轴瓦时，保证安装、磨合质量。换新瓦后，应经充分的、低负荷下的磨合运转，才能增大负荷，投入正常使用。

3. **主轴承的间隙测量**

正确的轴承间隙，是确保滑动轴承正常工作的必要条件。轴承工作时，如间隙小于安装间隙，容易导致轴承发热、烧瓦甚至咬黏；如间隙大于其极限间隙，则会使轴承的冲击负荷加大，且润滑油也容易流失。因此柴油机使用期间，应确保其轴承间隙在说明书规定的安装间隙和极限间隙之间。

常见的测量方法有：

（1）塞尺测量法。每运转 3 000 h 检测一次。该方法不必拆掉主轴承盖，使用专用塞尺直接测量出主轴承的间隙，由于轴承间隙为圆弧形，测量值小于实际值间隙，因此应在实测值的基础上，再加上 0.05 mm 误差。该方法适合于初步检查。

（2）比较法测量。采用内、外径千分尺，分别测量轴承孔的内径和曲轴的外径，然后用孔的内径减去轴的外径即可得到轴承间隙。

2.2 柴油机运动部件

柴油机运动部件主要包括：曲轴、连杆组件和活塞组件等组成。

2.2.1 曲轴

1. **曲轴维护管理要求**

（1）避免曲轴发生过度磨损。长期工作后的曲轴轴颈必然发生磨损，使轴颈尺寸、形状发生改变。通常情况下轴颈会产生不均匀磨损，而不均匀磨损使曲轴颈产生圆度误差、圆柱度误差及直径减小等缺陷，并会造成轴颈与轴承油膜间隙增大、接触不良、冲击性加剧等不良后果。

检查曲轴轴颈磨损，通过测量轴颈不同方向的直径可知，轴颈测量应在长度方向的三个截面进行，每个截面均应测量垂直和水平两个方向直径。同一截面两直径差为圆度，不同截面的同一方向直径差为圆柱度。当轴颈形状误差超过规定值时，应进厂修理。

(2) 检查轴颈特别是圆角及油孔附近有无裂纹，许多裂纹往往是两种应力复合作用破坏的结果。由于曲轴圆角处存在弯曲应力集中，所以弯曲疲劳裂纹更为常见。裂纹若不被及时发现、修正，则很快会发展成截面断裂，因此应及时或定期对曲轴进行裂纹检查。在得出明确的结论后，对表面的浅微裂纹应用磨削消除，裂纹较深的应报废处理。

(3) 在检修时应随时注意检查曲轴轴颈与轴瓦的贴合情况；注意检查润滑油的品质，避免因润滑油变质产生的酸性物质对轴颈的腐蚀；在操车时应尽快越过临界转速区，避免过大的扭转振动对曲轴的伤害。

2. 曲轴的检测

(1) 检查前首先将轴承外圈清洁。
(2) 将首尾两档主轴承套上外圈。
(3) 搁置在"V"形铁块上。
(4) 中间待测的主轴承也套上外圈。
(5) 磁性表座固定在平台上。
(6) 千分表感应头压在轴承外圈上。
(7) 径向圆跳动量检测。

1) 千分表调零。
2) 缓慢转动曲轴一周。
3) 观察表针上、下摆动量。
4) 依次各档检测。
5) 跳动量不大于 0.14 mm（6135 柴油机）。
6) 放松或拧紧贯穿两个曲轴的双头螺栓可调整径向圆跳动量。

2.2.2　活塞组件

1. 活塞组件的常见故障

(1) 活塞裂纹。活塞裂纹多出现在活塞顶面、环槽、销环和冷却侧加强筋等处，其次是顶和圆筒的结合部及第一环槽附近。

(2) 活塞的磨损。磨损部位发生在活塞裙部、活塞环槽和销座上。

1) 活塞环槽的磨损。多发生在铝制活塞上。磨损后将导致环槽形状变为梯形。

2) 活塞销座的磨损。活塞销座磨损后，会使销孔上下方向的直径增大，呈椭圆形。此外沿销轴线方向还可能会出现锥度，使销轴中心线发生倾斜。

(3) 活塞销的裂纹。活塞销在冲击性的弯曲载荷长期作用下，会产生长度方向的弯曲疲劳和径向圆的变形疲劳。前者表现为横向裂纹（垂直于销轴线），后者表现为纵向裂纹。

(4) 销与销座配合失效。活塞销在活塞销座孔内可能出现配合失效，轻则两者配合表面拉毛，重则销在销座孔内咬阻或卡阻，使活塞销与连杆小端轴承摩擦恶化加剧。主要原因有：销与销座间隙过小，气体爆发力过大使销与销座变形导致局部接触或接触比压太大而油膜破坏等。

(5) 活塞环的常见故障。包括异常磨损、黏着和折断。

1) 异常磨损。环的正常磨损率为 $0.1\sim0.5$ mm/kh，使用寿命通常为 $8\,000\sim10\,000$ h，如磨损速度加快，则称为异常磨损。环严重磨损后，会使搭口间隙增大、弹力下降、密封不严，从而导致气环漏气。

2) 活塞环黏着。黏着主要是由于活塞或气缸过热、润滑油过多或润滑油不干净、燃烧不良产生积炭所造成。活塞环黏着将会引起气缸漏气、活塞环断裂，严重时会造成拉缸等事故。

3) 活塞环折断。活塞环的折断多出现在第一或第二道活塞环中。发生折断的原因除材料缺陷和加工质量外，主要有搭口间隙过小、环槽积炭、缸套出现磨台、环槽过度磨损、环径向张缩疲劳等。环断后，不但影响燃烧时的密封性，而且碎块进入增压器，容易引发增压器叶片损伤等更大的故障。

2. 活塞组件的测量检修

(1) 活塞的裂纹可用目测法、煤油白粉法进行检查。应急修理时对钢质活塞可实行焊补，但应预热和退火；铝制活塞发现裂纹应更换备件。航行中，如无备件，则需减缸航行。

(2) 活塞裙部磨损的测量应该在活塞上、中、下三个环带上进行。每个环带分别测得纵、横方向直径。根据测量计算圆度和圆柱度，对照说明书决定处理方法。

(3) 活塞与气缸套的间隙，可用尺寸比较法和直接测量法求得。尺寸比较法是用气缸套中、下部横向的最大直径减去活塞裙部横向的最小直径得到。直接测量法是用塞尺直接测量两者的间隙，但很少使用。

(4) 活塞销测量部位在活塞销长度方向左、中、右三个位置，在每个位置的垂直、水平方向测量两个直径值。当活塞销的圆度和圆柱度误差超过规定值时，应及时更换。

(5) 活塞销裂纹的检查通常采用磁力探伤的方法检查，如产生能用肉眼发现的裂纹（尤其是横向裂纹），则应立即更换。

(6) 销与销座。应针对不同的原因，对症加以处理。

(7) 活塞环黏着的解决措施是，取出黏着的环，更换新环。取环时应使用煤油浸泡使积炭松软，用木棒敲击使环松动，再用专用工具取下。

(8) 活塞环的测量检查

1) 活塞环搭口间隙的测量。将清洁干净的活塞环，平放在气缸下部磨损最小的部位，利用塞尺直接量取搭口间隙；也可在搭口处涂些润滑油等，用白纸印上搭口痕迹，再用支尺测量搭口痕迹的距离即可。应确保测量的活塞环搭口间隙大于或等于安装间隙，小于极限间隙值。

2) 活塞环天地间隙的测量。清洁密封环及环槽，将活塞环放入活塞环槽中，用塞尺在环与环槽的端面测量一圈，测量出环与环槽的天地间隙。

3) 活塞环密封性检查（漏光检查）。将清洁的环放在标准的缸套中，用光照射检查环与缸套的贴合情况。合格的要求是，每处漏光弧长不得超过 30°，整个漏光弧长相加不得超过 90°，在环搭口附近 30°范围内不得漏光，且所有漏光处用 0.02～0.03 mm 塞尺不能插进。

其他检查还包括环的径向厚度测量、环的弹力检查、表面损伤检查。

3. 活塞组件的安装与要求

(1) 安装前注意清洁、检测所有零件，确保合格后方可安装。

(2) 在中高速柴油机中，活塞销、销座和连杆小端轴承多采用浮动式连接，为了防止全浮动活塞销轴向窜动刮伤气缸壁，在活塞销两端应装有挡圈，进行轴向定位。

铝质活塞与活塞销装配时，由于活塞销为钢制材料，铝的热膨胀系数较钢大，为保证在受热状态下两者有合适的间隙，冷态安装时活塞销与活塞销座孔应有一定的过盈。拆装时应将铝质活塞在润滑油中加热至 90～100℃，然后将活塞销轻轻地推入或退出销座，切忌强硬敲击，以免擦伤销和销座。

(3) 密封环安装时，注意各环的切口应在圆周方向上错开 120°或 180°。

(4) 当安装的刮油环的刮刃为锥状表面时，注意刮刃的尖端应该向下。如方向装反，刮油环将把润滑油刮向燃烧室，不仅增加了润滑油的消耗量，而且大量润滑油窜入高温区会形成积炭，不但影响气环的正常工作，还会损伤燃烧室部件。

为了减少活塞组可能出现的故障,提高工作的可靠性,在维护管理中应着重注意以下几个方面:

1) 在新换活塞环时,运转初期,应严格按照规定程序充分磨合。
2) 将柴油机的运行参数严格控制在规定的范围内,避免长期超负荷运行。
3) 保证活塞组与气缸之间润滑良好,保证润滑油的品质和供给量。
4) 定期吊缸检修,仔细观察活塞组的状况并测量有关数据。

2.2.3 连杆组件

连杆受气体压力、往复惯性以及摆动惯性力的作用,并且上述各力大小和方向不断变化,容易引起连杆的变形和产生疲劳裂纹。此外,连杆小端压入的衬套与活塞销和连杆大端的轴瓦与曲柄销还会产生磨损。因此在工作中,应重点针对连杆的变形、裂纹和大、小端的磨损以及连杆螺栓的变形情况进行检查,以确保其工作的可靠性。

1. 连杆杆身的变形检查

在压应力及摆动附加弯矩的长期作用下,连杆杆身尤其是压杆会产生弯曲塑性变形。杆身弯曲变形在最高爆发压力过大或缸内积水发生液击现象时更易发生。

图 2—1 所示连杆弯曲的三种变形形式。图 a) 为连杆大、小端轴线平面内弯曲,它使大、小端轴承孔轴线不平行,造成活塞在气缸内歪斜使轴承局部负荷过重;图 b) 为连杆大、小端扭曲;图 c) 为摆动平面的弯曲,它使连杆长度缩短,压缩比减小。

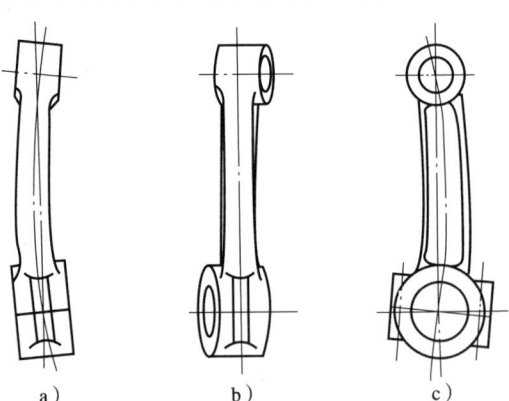

图 2—1 连杆变形形式

a) 大、小端轴线平面内弯曲 b) 大、小端扭曲 c) 摆动平面的弯曲

连杆弯曲塑性变形用检查连杆长度和大、小端轴承座孔中心线平行度来确定。可采用冷态或热态机械反变形校直法来矫正。

2. 连杆杆身裂纹检查

连杆杆身裂纹是脉冲负荷反复作用造成的疲劳破坏。当连杆受到的冲击力过大或杆身材料强度不足或出现应力集中严重时都会产生裂纹。

小型高速柴油机的连杆比较容易产生裂纹。连杆在使用或修理过程中，如杆身表面被碰伤，会在碰伤处形成疲劳裂纹源，因此，平时检修对杆身造成的伤痕应采用油石等修整光洁。此外，检查时应重点检查杆身与大、小端过渡圆角或其他应力集中处是否存在裂纹。

检修时，对怀疑有裂纹的连杆应彻底清洁干净，利用色油法并借助放大镜检查裂纹。厂修时，可用磁力探伤等方法来仔细检查连杆的裂纹。一旦发现连杆裂纹，则应报废换新。

3. 连杆螺栓的检查

连杆螺栓是连接连杆大端与轴承盖的至关重要的连接螺栓，一旦断裂损坏，将会导致机器损毁的严重事故，对此应予以充分的重视。对换新或使用中的连杆螺栓注意检查以下内容：

（1）使用放大镜或肉眼检查有无缺陷，特别注意检查螺栓的头部、螺纹和螺纹根部等应力集中处。

（2）用牙规和直尺检查螺纹的螺距和弯曲情况。

（3）检查连杆螺栓与螺栓孔的配合间隙，应无卡阻和松动现象。

（4）装上螺母，检查螺纹的磨损情况，尤其注意检查螺母与螺栓头部的接触面是否均匀接触，贴合是否完好。

（5）使用中首先测量并记录连杆螺栓的原始长度以及测量使用后的长度，以判断其塑性伸长量。当塑性伸长量超过原长度的 2‰ 或累计使用时间超过 15 000～20 000 h 时，应报废换新。

4. 连杆组件安装要求

（1）连杆小端衬套拆装注意事项。对全浮式活塞销，由于工作时连杆小端与活塞销之间有相对运动，所以常常在连杆小端孔中压入减磨的青铜衬套。为了润滑活塞销与衬套，在小头和衬套上铣有油槽或钻有油孔以收集柴油机运转时飞溅上来的润滑油并用以润滑。有的柴油机连杆小端采用压力润滑，在连杆杆身内钻有纵向的压力油通道。安装时应确保衬套与小端座孔的过盈量，避免因衬套转动将油孔堵住。

（2）连杆大端拆装注意事项

1）连杆与连杆盖通常配对加工，加工后，在它们同一侧标有记号，安装时注意不得互相调换或变更方向。

2）大端轴瓦一般采用薄壁轴瓦，壁厚为 $0.02D \sim 0.05D$（D 为轴承直径）。薄壁轴瓦常用定位唇定位，以防止轴瓦在座孔中转动，安装时注意嵌入连杆大端和连杆盖的定位槽中。

3）轴瓦装入大端和连杆盖是利用其自由状态时瓦口的弹张量和轴瓦周长的过盈量使瓦背紧贴于座孔表面，以保证良好的导热性能并防止相对移动。部分轴瓦上还制有油孔，安装时应注意与连杆上相应的油孔对齐。

4）薄壁瓦装配时不允许刮削，也不允许加装调整垫片。轴承配合间隙磨损超差后，只能用更换轴瓦的办法予以恢复。

(3) 连杆螺栓拆装时的注意事项。连杆盖和连杆大端用连杆螺栓连在一起，连杆螺栓在工作中承受很大的冲击力，如折断或松脱将造成严重事故。为此，连杆螺栓都采用优质合金钢，并经精加工和热处理特制而成。安装时注意以下事项：

1）必须保持连杆大端轴承上、下结合面的清洁，确保其完全接触。

2）上紧螺栓的方法和预紧力的大小，应严格参照说明书的要求。

3）必须使用专用工具或扭力扳手，两侧连杆螺栓必须交替上紧，用力均匀，将螺母拧入贴合后，再旋紧约 $50°$ 即可。

4）拆卸时，可在螺母原来位置上做一记号，以便安装时参考。

5）安装后，应按规定对螺母进行锁紧防松。

6）连杆螺栓损坏后绝不能用其他螺栓来代替。

2.3 柴油机的工作过程

柴油机工作时，柴油在燃烧室内燃烧，将柴油的化学能转变为热能，再将热能转变为机械能，通过曲柄连杆机构输出机械功。柴油机每完成一个工作循环是由进气、压缩、燃烧、膨胀和排气五个热力过程组成的。

1. 四冲程柴油机的工作原理及特点

用进气、压缩、燃烧膨胀和排气四个行程（曲轴回转两转即 $720°$ 曲柄转角）完成一个工作循环的柴油机称为四冲程柴油机。

图2—2 的四个简图分别表示柴油机工作循环中四个冲程的进行情况及活塞、连杆曲柄位置的相应变化情况，$P-V$ 图表示气缸内气体压力随气缸容积的变化情况。

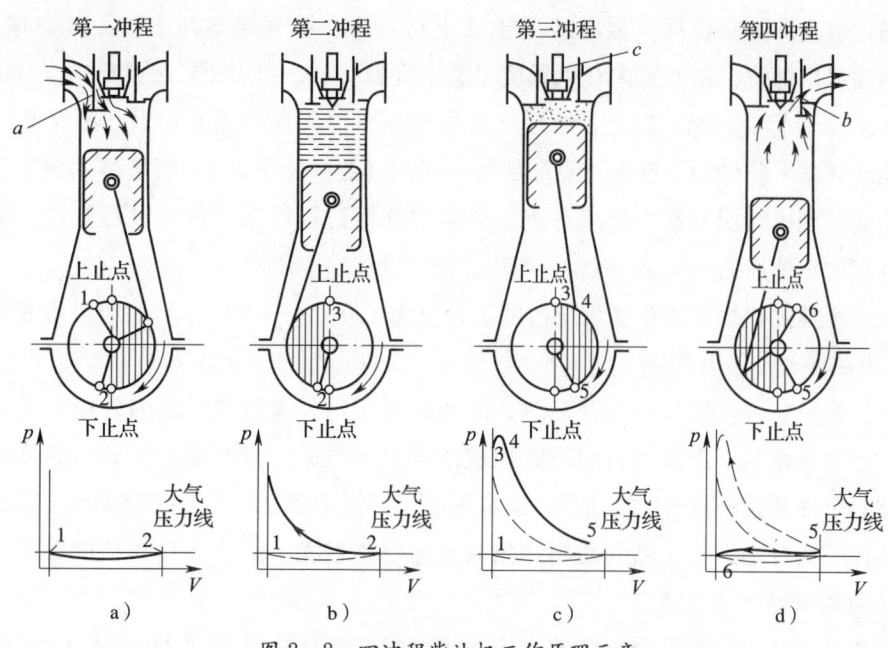

图 2—2 四冲程柴油机工作原理示意
a) 吸气 b) 压缩 c) 燃烧和膨胀 d) 排气

(1) 进气行程。活塞从上止点下行，进气阀打开，由于活塞下行的抽吸作用，新鲜空气经进气阀进入气缸。这时，排气阀和喷油器均处于关闭状态。为了能够充入更多的空气，进气阀在上止点前提前开启，在下止点后延迟关闭，整个进气过程所占的总角度为 220°CA～250°CA（CA 指曲轴转角，下同）。压缩热力过程变化见图 2—2a 中曲线 1—2 进气阀开启始点至上止点的曲柄转角叫进气提前角。进气阀提前开启的目的是为了新鲜空气进入气缸时，进气阀已有足够的开度。

下止点到进气阀关闭位置的曲柄转角叫做进气延迟角。进气阀延迟关闭的目的是为了利用进气流的惯性，尽可能多地向气缸充入新鲜空气。

(2) 压缩行程。活塞从下止点上行，进、排气阀均关闭，上行的活塞对缸内空气进行压缩，使其温度和压力不断升高，为喷入气缸的柴油自行着火燃烧及燃气膨胀做功创造条件。

在上止点（压缩终点，压力增高到 3～4.5 MPa，温度升至 600～700℃）附近，燃油经喷油器以雾化的状态喷入燃烧室，并在高温高压的作用下，开始自行发火燃烧。压缩过程总角度为 140°CA～160°CA。压缩热力过程变化见图 2—2b 中的曲线 2—3。

当四冲程柴油机的进气阀完全关闭瞬时的气缸容积与压缩容积的比值称为有效压缩比。

(3) 燃烧和膨胀行程。活塞从下止点上行，进、排气阀均关闭，在此形成初期。由于燃油强烈燃烧，使气缸内气体温度迅速上升到 1 400～1 800℃或更高，压力增加至 5～8 MPa，甚至 13 MPa 以上。燃烧产生的最高压力称最高爆发压力。高温高压燃气膨胀推动活塞下行做功。在上止点后的某一时刻（曲柄位于点 4）燃烧基本结束，燃气继续膨胀，到排气阀 b 在下止点前点 5 开启时膨胀过程结束，排气过程开始。膨胀结束时气缸内气体压力为 0.25～0.45 MPa，温度为 600～700℃。

四冲程柴油机燃烧膨胀过程所占的总角度为 130°CA～160°CA。热力过程变化如图 2—2c 中曲线 3—4—5 所示。

(4) 排气行程。排气阀 b 开启时，活塞尚在下行，废气靠气缸内外压力差进行自由排气。当活塞从下止点上行时，废气被活塞推出气缸，排气阀一直延迟到活塞到达上止点后（曲柄位于点 6）才关闭，这样可利用气流的惯性作用，继续排出一些废气。

从排气阀开启到下止点的曲柄转角叫做排气提前角。上止点到排气阀关闭位置的曲柄转角叫做排气延迟角。

排气阀也是提前开启，延迟关闭，四冲程柴油机排气冲程所占的总角度为 210°CA～240°CA。其热力过程变化如图 2—2d 中曲线 5—6 所示。

综上所述，在四冲程柴油机中，要经历进气、压缩、燃烧和膨胀、排气四个行程才能完成一个工作循环，与此次相对应的是曲轴回转两转。在四个行程中，只有燃烧和膨胀形成做功，其余三个行程都要消耗功，因此，在单缸四冲程柴油机中必须有一个足够大的飞轮来供给这三个行程所需的能量。

2. 四冲程柴油机定时图

(1) 柴油机定时。柴油机各热力过程的开始和结束时刻，都可用该时刻曲柄位置相对于上、下止点的角度来表示。把用曲柄转角表示的进气阀（口）、排气阀（口）、喷油泵、喷油器、启动阀开始开启和完全关闭的时刻总称为柴油机的定时（正时）。合适的定时是确保柴油机安全性、可靠性、动力性、经济性的基础。

以上、下止点为基准，气阀（口）启、闭时刻称为配气定时，喷油器启、闭时刻称为喷油定时，喷油泵启、闭时刻称为供油定时，启动阀启、闭时刻称为启动定时。

需要说明的是，由于燃油的可压缩性、高压油管的弹性、压力波传递需要时间等因素的影响，喷油泵开始供油的时刻，比喷油器开始供油时刻要早。对于一台既定的柴油机，其喷油定时是不能用常规方法准确测量和标注的，喷油定时主要通过供油定时来保证。因此，柴油机生产厂家提供的柴油机说明书中标注的"喷油定时"往往指的是"供油定时"。

(2) 柴油机定时图。把柴油机各定时集中反映在一个圆形图中，这个图称为柴油机定时图。

图 2—3 为斯太尔 WD615 柴油机配气定时图，曲柄转向（自飞轮端看）为逆时针。如图，在进气上止点前后共 7°曲轴转角，进、排气阀同时开启着，这段重叠的曲柄转角称为进、排气重叠角。在这一角度范围内，进气阀开度尚小，废气因流动惯性排出气缸，不会向进气管内倒灌，且在惯性排气时，燃烧室内形成低压，可将新鲜空气吸入气缸并将废气更好地扫出，实现燃烧室扫气并降低气缸热负荷。

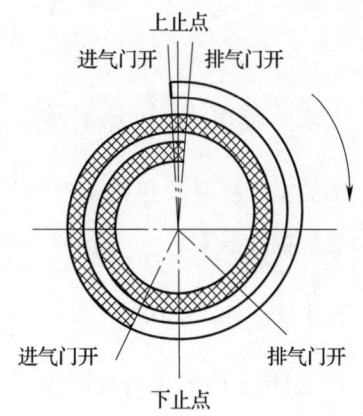

图 2—3　斯太尔 WD615 柴油机配气定时图

配气定时（1 mm 余隙时）

进气门开，上止点前 2°

进气门关，下止点后 26°

排气门开，下止点前 49°

排气门关，上止点后 5°

冷态气门间隙，进气 0.30 mm

　　　　　　　排气 0.40 mm

增压柴油机的进、排气重叠角比同型非增压机要大。

由此可以看出，定时图可以直观、全面地表示柴油机各热力过程开始和结束的时刻及相互关系，因此，柴油机说明书中均以定时图来表示该机的定时，用以指导管理人员操作、管理、拆检和调试柴油机。以四冲程机为例，一般绘制柴油机定时图的方法和要求如下：

1）已知某些柴油机进气阀、排气阀、启动阀、喷油器（或喷油泵）开始打开及完全关闭的时刻相对于上、下止点的曲柄转角，并列表。

2）以曲轴中心为圆点作十字交线（点画线），在垂直线上、下位置分别标明上止点、下止点，并用箭头标出正车转向。

3）用量角器分别量出各定时的角度，并通过圆点作相应直线，标明定时名。

4）按进气、压缩、膨胀、排气、启动的顺序，以正车转向由内向外分别作圆弧，连接各热力过程的始、终点，再标明定时角度。

5）标明图例。图 2—3 为斯太尔 WD615 柴油机配气定时图。可以看出，该机的进气、压缩、膨胀、排气、过程分别占208°，154°，131°，234°曲柄转角，进、排气重叠角为7°曲柄转角。

2.4 柴油机主要系统

柴油机主要系统包括配气系统、燃油系统、润滑系统、冷却系统、操纵系统、换向系统和增压装置。

2.4.1 配气系统

1. 配气定时的检查与调整

135基本型柴油机的凸轮外形结构尺寸虽然相同，但其配气相位有两种，如图2—4所示，图a为1 500 r/min自燃吸气和改进型增压柴油机用；图b为1 800 r/min 6135G—1型柴油机用，两种凸轮轴不能通用。柴油机在出厂前配气相位已经过检查，均在公差范围内，不必再做检查。但当定时齿轮因吃面严重磨损而更换或因其他原因重装后，应重新进行检查。

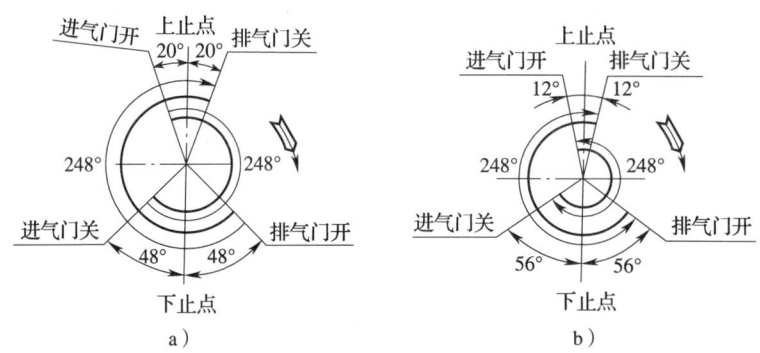

图2—4 配气相位图

a）1 500 r/min自燃吸气和改进型　b）1 800 r/min 6135G—1型

（1）配气相位的检查应在气门间隙调整后进行。检查时，应在曲轴前端装上有360°刻线的分度盘，在前盖板上安置一根可调节的指针，然后转动曲轴，使飞轮壳检视窗上的指针对准飞轮上的"0"度线，此时调整前盖板上的指针，使其对准分度盘上的"0"度线，并将它固定，同时在气缸盖上安放一只千分表，使它的感应头与待检查的进气门或排气门的弹簧上座接触，再按分度盘上的转向箭头和发火次序转动曲轴逐缸检查（见图2—5）。图中分度盘仅适用于6缸和12缸V形左转柴油机，上面1，6；5，

2；3，4等数字分别表示各缸的膨胀冲程始点位置。4缸和12缸V形右转机应根据其转向、发火次序和发火间隔角采用同样方法另行确定。

(2) 一般对直列型柴油机只需检查第1缸即可，对12缸V形柴油机需检查第1和第7两缸，其余各缸均由凸轮轴保证。检查时，当千分表指针开始摆动的瞬时（由手能转动推杆变为不能转动的瞬时），即表示气门开始开启，这时分度盘上被指针所指的角度即为气门开启角。然后继续转动曲轴，前分表指针从零摆至某一最大值（此指即为气门升程）后开始返回，当千分表指针回到零的瞬时（由手不能转动推杆变为能转动的瞬时），表示气门关闭，这时分度盘上被指针所指的角度即为气门关闭角。从气门开始开启至气门关闭，曲轴所转过的角度称为气门开启持续角。

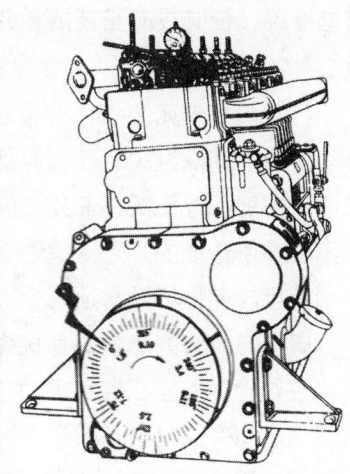

图 2—5 配气相位检查

配气相位检测结果应符合图2—4规定值，其允差为±6°。

(3) 如发现配气相位与规定不符时，首先应确定定时齿轮的安装位置是否正确，因为凸轮轴和曲轴之间的相对位置是由定时齿轮保证的；其次是检查齿面的啮合间隙是否符合规定，齿面和凸轮轴的凸轮表面是否有严重磨损现象。如不符规定，必须重新调整或换用新零件后，再重新检查配气相位。

2. 配气系统的常见故障与处理

在换气系统中，因气阀装置在高温、高压以及具有腐蚀性的燃气作用下，工作条件最为恶劣，常常容易出现各种故障，在日常管理及维修中应密切注意。

(1) 阀盘与阀座的磨损。该故障表现为阀盘和阀座的密封上有伤痕和麻点。伤痕的原因是由于燃气中的碳粒或其他杂质的冲刷或落到密封面上时，阀与阀座撞击所造成的。麻点则是由于燃油中的硫和钒腐蚀所造成。上述故障使气阀的密封性变差，引起气缸漏气，使柴油机功率下降，甚至不发火，启动困难。在日常管理中，可通过压缩压力、排气温度以及其他参数的变化来判断气阀的密封情况。发现漏气时应及时研磨、修复。

(2) 气阀断裂。气阀断裂通常发生在阀盘与阀杆的过渡圆弧区或阀杆端部的卡块槽处。断裂的气阀会坠入气缸，造成活塞发生顶缸等严重事故。气阀断裂的原因是由于气阀上温度分布不均匀所导致热应力过大，或阀盘（阀座）翘曲，使其承受了较大的弯曲应力所致。因此在使用维护中应严格保证阀杆与导管间的配合间隙，保证气阀落座准确，使其具有正常的散热条件。拆装时，注意仔细检查气阀有无翘曲变形和裂纹。

（3）阀杆卡死及阀杆与导管的磨损。阀杆卡死主要是由于阀杆与导管的配合间隙不当所致。间隙过大，阀杆温度升高，导管内润滑油因高温作用而积碳，燃烧产物易在间隙中沉积，使阀杆卡死；间隙过小，气阀工作热膨胀后也易卡死，也可能是中心线不正确所造成的。无论是什么原因引起的，当发现气阀动作迟缓时，都要及时检修，否则一旦咬死撞坏活塞顶，会造成重大事故。

阀杆与导管的磨损，直接影响其配合间隙，故应对其磨损情况进行检查。装配时，阀件在导管中如能在自身重力作用下缓慢下降为好。长期工作磨损后，用手从侧面推动阀杆，如有摇晃松动感觉，即可判断已超出磨损极限，应予以更换。

（4）阀面和阀座面烧损。阀座扭曲、偏移、倾斜和失圆都会造成大面积烧损；阀盘翘曲时关闭不严处会被严重烧伤；气阀与导管之间间隙不当引起的阀杆卡阻和阀杆弯曲会使阀盘不能落座，密封面发生均匀烧损。此外阀面和阀座也会因麻点、伤痕处漏气而发展到烧损。在维修管理中，要保证有正确的间隙以及阀盘与阀座间良好的密封。

（5）气阀和阀座的腐蚀。气阀阀杆会因温度过低发生低温硫酸腐蚀；阀盘和阀座会因温度过高而发生严重的钒、钠生成物的高温腐蚀，致使阀盘和阀座上产生麻点。在管理上，要严格控制冷却水的温度。

（6）气阀弹簧断裂。气阀弹簧断裂多因振动造成，也可能因为材质、热处理不符合要求或锈蚀而产生。检修时应注意对表面裂纹、锈蚀、自由高度、弹簧歪斜等情况的检查。有裂纹的应报废，锈蚀斑点应用砂布修磨光洁，以免应力集中。

2.4.2 燃油系统

喷油泵的作用是在柴油机工作时使燃油产生高压，并按照发火顺序和负荷大小，将燃油定时、定量地送至喷油器。由于喷油压力要求很高，喷油泵都采用柱塞式结构。根据喷油泵的油量调节机构形式不同，可以分为回油孔调节式和回油阀调节式两类。前者广泛应用于沿海及内河船舶的各类中、小型柴油机上，后者主要用于大型柴油机。

1. 回油孔式喷油泵供油零位检查及调整

当回油孔式喷油泵柱塞直槽正对回油孔时，柱塞虽做往复运动但建立不起油压，柱塞的有效行程为零，这个位置称为"供油零位"，也称零油位。检查与调整零油位是确保当油量手柄置于停车位置时，使各喷油泵立即停止供油，以保证柴油机能迅速停车。

（1）对线法。有的喷油泵在喷体上装有指示片，调节齿条上有反映供油量大小的刻度线。只要喷油泵安装正确，将油量手柄置于停车位置，各泵指示片都应指到调节齿条的零油位刻度线。

(2) 对孔法。取出排油阀偶件，将油量手柄置于停车位置时，柱塞直槽应对准套筒回油孔。因为直槽有一定的宽度，回油孔有一定的直径，所有零油位有一小区间供调整用。因此，当指示片指示的刻度小于 2 时，喷油泵已停止供油，即柱塞的有效行程为零。

(3) 压油法。拆下高压油管，将油量手柄置于停车位置，此时撬动油泵柱塞，应无油面上升现象。

一般只要喷油泵是按照安装标记装配的就可以保证零油位正确，如不准确，可以重新组装。误差不大时，可通过旋转油量调节杆与齿条连接处的调节螺钉来调节。

2. 回油孔式喷油泵供油量均匀性检查及调整

检查、调整各缸喷油量的均匀性，是为了保证油量手柄位于标定供油位置时各喷油泵柱塞的有效行程相等，否则会使各缸负荷不均匀，致使在高负荷时，某些缸会因供油过多而超负荷；在低负荷时，某些缸可能因供油太少而不能正常燃烧，使柴油机运行严重不稳定，甚至自行停车。

通常规定，在标定工况下，多缸柴油机各缸供油量的不均匀度不得超过 2%～3%。检查各缸供油量均匀性的方法有以下几种：

(1) 量杯法。此方法常用于油泵试验台上的油量调整。在柴油机上用此方法检查供油量均匀性时，应把喷油器拆卸下来安装在量杯上，然后盘车（或人工泵油）使喷油泵工作，柴油经喷油器喷入量杯。盘车到一定转数后（如 100 r），比较各量杯中的油量，求出供油量的不均匀度。

(2) 单缸断油测转速降法。柴油机运转时，当某缸断油后，柴油机转速显著降低，说明该缸供油量大；如转速降低很少或不变，说明该缸供油量小或不供油。试验时应用手短时间直接固定住喷油量拉杆，不让调速器起作用，否则不易判断。

(3) 测各缸排气温度。需要说明的是，转速的变化、最大爆压的大小和排气温度的高低，不单只与供油量的大小有关，还与供油定时、喷射压力、燃油雾化程度、配气定时、压缩比、气缸密封状态以及润滑和冷却等各种情况有关。检查供油量的不均匀性，应在对上述供油定时等项目进行检查和调整之后进行，否则将影响其检查的准确性。

各喷油泵供油量均匀性的调整方法随油量调节机构的形式和与油量调节拉杆的连接方式而异。

对于两喷油泵齿条用调节拉杆连接成油量调节拉杆结构形式的，改变调节拉杆的装配长度，就可改变某缸喷油泵齿条的移动量，从而改变了供油量。

如各喷油泵齿条通过调节螺钉单独与油量调节杆相连,则可通过调节螺钉对各泵的供油量进行单独调整,使各泵的齿条均调节到同一刻度上。这样就能保证各缸供油量基本上均匀。但初步调节后,还需要启动柴油机,根据各缸热力参数(如排气温度、燃烧压力等)对供油量进行最后的调整。

3. 回油孔式喷油泵的常见故障及排除方法

(1) 穴蚀的现象、位置、原因及排除方法

现象:零件表面出现的麻点或蜂窝的孔群。

位置:最容易发生在排油阀与阀座的密封处、柱塞斜槽上面宽度为回油孔直径的区域并与回油孔相对的泵体上。

原因:空泡腐蚀。当某处油压下降到低于或等于该温度下燃油汽化压力时,该处燃油开始汽化产生气泡,随后气泡在正压力波的作用下破裂,激发出很强的冲击力作用在金属表面上。这样周而复始,使该处的金属表面不断剥落,形成穴蚀。

排除方法:在高压系统中,可通过选择具有合适形式和参数的排油阀来解决穴蚀问题。

(2) 柱塞和套筒过度磨损、拉毛、卡紧和咬死

1) 柱塞和套筒过度磨损与拉毛的影响、原因和位置

影响:①密封性下降,造成柱塞偶件漏油,喷油提前角减小,喷射压力下降,雾化不良,燃烧恶化;②如各缸喷油泵柱塞套筒磨损不均匀,将使各缸喷油量不均匀,引起柴油机低速运转不稳定。

原因:柱塞与套筒的过度磨损除与材料和制造质量,还与燃油质量(如黏度、含硫量、机械杂质等)有关。

位置:最容易发生在柱塞的头部,特别是在柱塞斜槽上面的配油部位以及套筒的进、回油孔上面部位。

2) 柱塞卡紧和咬死的影响和原因

影响:导致喷油泵不能正常工作。

原因:大多是燃油净化不良,燃油中仍有机械杂质颗粒。在个别情况下,也可能是安装不正确或间隙过小所致。

3) 排油阀和阀座磨损的影响、原因及处理措施

影响:关闭不严时,在柱塞下行吸油过程中,高压油管中的燃油会吸回泵油腔,引起下一循环供油量减少和喷油定时延迟。

原因:燃油中含有杂质以及具有酸性腐蚀作用、撞击或阀面扭曲变形。如只是阀面上有横、直细痕存在,这可能是燃油中杂质冲刷的结果。如发现阀和阀座的密封面或阀的其他部位有不规则的凹痕和斑点,则是由于燃油的酸性腐蚀所造成的。如阀的

密封面被打磨得十分光亮并有轻微变形,则是阀的升程过大、撞击过重或阀面因多次研磨变薄而扭曲所致。

处理措施:当发生上述故障时,应立即查明原因,酌情处理,换新或研磨后继续使用。

(3) 其他。喷油泵还容易产生弹簧折断、泵体裂纹等故障。弹簧折断一般是由于外来硬物夹入弹簧中或安装有缺陷引起的,泵体裂纹除由于材料、加工不良外,还往往是由于高压油管堵死、特别是喷油孔堵塞或针阀咬死在阀座上使泵体内形成过高的压力而引起的。

2.4.3 润滑系统

1. 润滑系统的日常维护

(1) 正确选择润滑油。根据要求选择润滑油,并将质量合格的润滑油输送到各需要润滑的部件,保证其正常运转。

(2) 确保滑油压力处于正常范围。一般保持在 0.15~0.45 MPa。润滑油压力应高于冷却器内冷却水压力,以防冷却器泄漏时冷却水漏入润滑油中。

若润滑油压力过高,接合面易漏油向四处飞溅,容易受热变质,导致润滑油耗量增加。

若润滑油压力过低,供油不足,会使机件磨损增强,严重时会发生重大机损事故。

(3) 确保润滑油温度处于规定范围。润滑油进口温度应保持在 40~55℃ 之间(取上限),最高温度不允许超过 65℃,冷却器进、出口温差一般为 10~15℃。

若温度过低。滑油黏度增大,摩擦阻力变大,会使滑油泵耗功增加。

若温度过高。滑油黏度过低,润滑性能变差,会使零部件磨损增加,此外过高的温度会使润滑油加速变质。

(4) 保证正常的工作油位。经常检查油标尺油位,保证油位正常。

若油位过低,润滑油温度将会升高加速氧化变质,严重情况下将有断油危险。运转中油位突然降低可能是由于油底壳或管系漏油引起的。

若油位过高,将可能造成溢油危险。油位突然升高可能是由于冷却系统漏水所致。

发现油位过低或过高均必须查明原因,加以排除。

(5) 确保润滑油质量

1) 保持润滑油清洁。正确确定润滑油使用期限,定期检查清洗润滑油滤清器、冷却器,如对柴油机或润滑油系统进行解体检修,柴油机工作几个小时后就应拆洗滤清器一次。

2) 机油滤清器的拆卸程序如下:

①按程序逐一拆卸。
②仔细检查滤芯的使用情况。
③滤芯一般使用 200 h 左右就应清洗或调换。
④清洁滤清器时检查油孔是否被油垢杂物堵塞。
⑤装复时应注意密封圈的平整，防止漏油。
⑥滤器上的压力调节阀已调定，一般不再调整。
⑦动车观察油、水温度上升至正常值时油压是否正常。

3）防止燃油或冷却水漏入曲轴箱，并保证曲轴箱透气良好。

2. 润滑系统的常见故障及处理

(1) 滑油压力不正常。若滑油压力缓慢变化，柴油机启动之初，润滑油压力很高，但随着润滑油温度的升高，压力逐渐下降，润滑油滤清器滤芯逐渐变脏，润滑油进机压力便逐渐下降；润滑油使用较长时间后，黏度和压力都逐渐下降；摩擦件工作时间较长后随着油膜间隙的逐渐增加，润滑油压力也逐渐下降，上述现象是自然而正常的，无须处理。但若发现滑油压力急剧变化后应立即检查，必要时立即停车。找出原因并针对不同的情况尽快予以排除。

(2) 压力急剧变化的主要原因

1）压力表失灵不显示油压。

2）润滑油从冷却器漏入冷却水中，或从破裂的油底壳等处外泄，造成循环油量不足而引起润滑油压力急剧下降。

3）润滑油泵工作不正常或失灵，如吸入端滤网堵塞、吸入管道泄漏而吸入空气、吸入阀损坏，使吸油量减少甚至吸不进油；排出端泄漏严重，如油泵装配的端面间隙太大，安全阀或调压阀失灵，润滑油压力表管道堵塞等，所有这些都会引起润滑油泵出口压力急剧下降。

4）油泵排出端油道或滤清器堵塞，引起润滑油压力急剧升高。

(3) 滑油温度偏高的主要原因

1）柴油机超负荷运转，造成油温过高，此时应减低负荷。

2）进入摩擦面的润滑油量过少，使润滑油温度升高。此时，应检查润滑油泵工作情况、系统是否堵塞、泄漏等。如旁通阀开启过大或失灵而造成进入冷却器的润滑油流量不足，也会使油温升高。

3）润滑油冷却器冷却效率降低，使润滑油温度升高。此时，应检查润滑油冷却器的水腔和油腔积垢情况。

4）进入润滑油冷却器的冷却水量不足，冷却效果下降导致油温升高。此时，应检查冷却水泵工作是否正常和冷却系统是否泄漏。

2.4.4 冷却系统

柴油机工作中，只有确保冷却系统各设备、管路正常工作，才能使柴油机处于良好的工作状态。

1. 冷却系统的任务及要求

冷却系统的主要任务是保证柴油机在最适宜的温度状态下工作，这样既能避免零件的损坏和减小其磨损，又能充分发挥它的有效功率。目前，柴油机的冷却方式分为强制液体冷却和风冷两种，船用柴油机普遍采用前者。内河船舶常用的液体冷却介质通常有淡水、海水和润滑油三种。对冷却系统的要求是向柴油机冷却空间连续不断地输送足量、规定压力和适宜温度的冷却水。

2. 柴油机冷却系统常见故障及处理（见表 2—1）

表 2—1　　　　　　　　冷却系统的常见故障及处理

故障	原因	检查和处理方法
水温过高	冷却系统淡水水量不足	1）查膨胀水箱水位，不足应补水 2）检查淡水泵工作情况 3）查淡水管路是否存在泄漏或阻塞
	海水冷却水量不足	1）水进口阀开度不足 2）海水管路泄漏或阻塞
	淡水冷却器故障	1）观察温度上升速度，如过快，则表示节温器损坏，应更换 判别方法：将节温器放在水里慢慢加热，观察节温器出水阀门开始开启的温度和节温器完全打开时的温度，全开启的升程为 8 mm 2）冷却器内结水垢或阻塞应清洗
	柴油机负荷过重	检查排气温度，降低负荷
冷却水量不足	1）冷却系统泄漏 2）冷却管路阻塞 3）水泵性能	1）检查冷却器、上下水管接头是否泄漏，若泄漏则应处理 2）检查冷却器内或管路是否阻塞，若阻塞则应疏通 3）检查水泵水封、水泵皮带是否打滑

2.4.5 调速系统

调速系统的任务是，按指令压缩或放松调速弹簧，或移动油量调节杆，实行增减柴油机的转速。

1. 机械离心式调速器的工作原理

柴油机运转时，飞铁座架和转轴一同旋转，飞铁便产生离心力，通过推脚向上作用在滑动套筒下端，滑套的上端受调速弹簧向下的张力作用，当柴油机发生的功率与外界负荷刚好平衡时，其转速稳定，飞铁的离心力与弹簧张力相等，柴油机处于稳定运转。

如外界负荷减小，则柴油机发出的功率会大于外界负荷而使转速增加，这时飞铁离心力将大于弹簧的张力而使滑动套筒上移，通过直角杠杆迫使油量调节机构向减油方向移动（图2—6中虚线所示）。随着喷油量减少，柴油机转速下降，飞铁离心力减小，直到其离心力与调速器后的转速弹簧张力恢复平衡为止，此时柴油机又重新稳定运行。

从图2—6中的虚线可以看出，新的滑动套筒位置稍高于原来位置，调速弹簧稍被压缩。因此，外负荷减小后，在新的稳定位置，飞铁的离心力比原先的大，经调速器自动调速后的转速比原来稍高。出现转速差是机械式调速器难以避免的固有特性。

另外，若想提高柴油机的转速，可将螺钉向下旋动，加大调速弹簧5的张力，使油量调节机构向加油位置移动；如想降低转速，可将调整螺旋钉旋出，减小调速弹簧张力，使油量调节机构向减油位置移动即可。

机械调速器直接利用飞铁的离心力与调速弹簧之间的不平衡力来移动油量调节机构调节柴油机的转速，所以也称为直接作用式。该调速器的结构简单，维护方便，但因其工作能力较小，灵敏度和精度均较差，因此多用于油量调节机构阻力不大的中小型柴油机上。

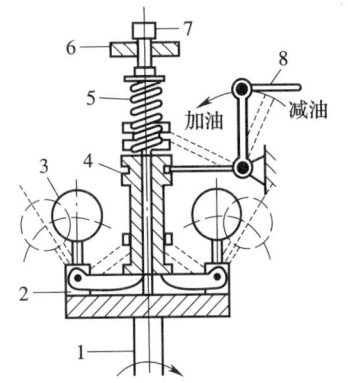

图2—6 机械式调速器原理图
1—转轴 2—飞铁座架 3—飞铁
4—滑套 5—调速弹簧 6—本体
7—调节螺钉 8—油量调节杆

2. 调速系统的日常维护

调速器是极其重要的机件，各种调速器的具体结构各不相同，因此调速器的维护管理应按说明书的规定和要求执行。

（1）注意调速器内部润滑油的液面、质量等情况。应严格按说明书要求选用润滑油。一般可使用 22 号汽轮机油，如工作场合温度较高，则可选用 30 号汽轮机油。理想的润滑油应不含杂质、不起泡沫、不产生泥渣或胶状物、不溶解于空气、无腐蚀作用并具有较高的黏度指数。

1）注意液面高低。要经常注意调速器内的润滑油量。加油时超过规定刻度，活动原件会把空气卷入油中，液面过低，油道内也会混进空气。如液面下降过快，说明调速器漏油或渗油，应立即仔细查找漏油处进行处理。

2）要确保润滑油质量。使用过的润滑油会逐渐变质，正常情况下，每半年应换油一次。换油时可将调速器拆下，倒净旧油并用柴油清洗后换入新油再装复。最好待柴油机短时间运转后，把新换的润滑油再放掉，重新注入新油。

（2）检查调速器输出轴到喷油泵之间的拉杆、杠杆等传动件的连接情况。如发现有卡阻或间隙过大现象，应及时处理，否则会引起油泵齿条动作不及时造成柴油机转速不稳定。检查各连接处的开口销和保险销有否断落倾向，一旦保险件失落，柴油机将会失控。

（3）定期检查调速器有关机件，并根据检查情况及时处理。如弹簧的各部分尺寸及弹力是否正常，各阀与套筒、活塞与缸体及其他机件是否有过度磨损情况。

2.4.6　换向系统

在我国内河小功率船舶柴油机推进装置中，大多数均采用高速小型不可倒转的柴油机作为主机，都配以油压操纵摩擦片离合、齿轮换向和减速的船用齿轮箱。

1. 船用齿轮箱特点（135 型）

（1）离合器置于后端（输出端），拆装维修方便。

（2）倒顺车减速比一致，均能传递全部功率，便于配合转向与主机组成左右机组。

（3）齿轮直接由箱体支承，跨距短，可获得较好的支承钢性，保证啮合精度，运转平衡可靠。

（4）输入轴、传动轴（中间轴）采用大柔度扭力轴结构，可增大减速比，工作油压有延时递升的液压控制系统，离合器接合平稳，适应船用工况，减小冲击负荷，起到保护柴油机及齿轮箱的作用。

（5）输出采用整体或花键联接结构，钢性好强度高，从而改善老产品中键槽配合不良，键槽应力集中产生断轴、法兰配合锥面不佳而引起故障的问题。

（6）齿形橡胶输入联轴节与主机联轴具有寿命长、对中方便的特点。

2．液压齿轮箱的常见故障及处理（见表2—2）

表2—2　　　　　　　　　　齿轮箱常见故障及处理

故障现象	原因	排除方法
齿轮箱过热	齿轮箱油位过高	调整油位高度
	润滑油压力过低	调整润滑油压力，检查油泵出口安全阀
	齿轮箱过载	降低输入功率
	轴承缺油或损坏	清洗润滑油滤清器或更换轴承
	冷却器阻塞	检查和清洗润滑油冷却器
油压不足	转向相反	改变主机转向或齿轮箱转向
	滤油器阻塞	清洗滤油器
	齿轮箱油位过低	查出漏油原因并加油
	油泵磨损	更换新泵
螺旋桨达不到相应转速	操作手柄不能准确到位	调整遥控操纵系统
	螺旋桨轴承损坏	更换磨损轴承
	离合器摩擦片损坏	更换损坏摩擦片
	离合器摩擦片安装错误	正确装配摩擦片
	离合器花键损坏	修理或更换新零件
	工作油压过低	清洗滤清器并调整油压
停车位置螺旋桨轴不能停转	船舶滑行水流驱动螺旋桨	属正常现象
	离合器返回弹簧失效，摩擦片不能脱开	清洗离合器，必要时更换弹簧
	离合器摩擦片翘曲变形	更换摩擦片
	离合器工作油路失控	更换齿轮箱操作阀
齿轮箱有噪声	柴油机工作在临界点转速	避开临界转速
	输入轴、输出轴法兰松动	拧紧松动法兰或更换损坏的法兰
	润滑油油位过低，泵吸入空气	注油驱气
	油泵齿轮损坏或松动	修复或更换受损件
	柴油机与齿轮箱严重失中	重新找正
	轴承、螺旋桨、齿轮损坏	修复或换新
换向时柴油机熄火	工作油压过高，离合器速度过快	降低油压至标定值
	离合器摩擦片损坏	更换
	操作阀故障	更换

2.4.7 柴油机的增压

增压技术是提高柴油机功率最有效的途径之一，目前被广泛应用于船舶柴油机上。

1. 废气涡轮增压器日常维护管理

(1) 首次使用时的管理。首次使用包括增压器出厂第一次装船和修理后装船时的试运转。

1) 向增压器油池注入规定品牌的润滑油。并使油位达到油尺中间记号以上 0~4 mm。

2) 启动柴油机运转约 2 min。检查转子部件转动情况，要求平稳无杂音。然后停车，观察转子惰转情况，要求平稳转动约 0.5 min 后才停止。上述情况正常，方可开车使用。

3) 在全负荷时，调节气封空气调节螺钉开度，使涡轮端平衡室无废气漏出。

4) 在全负荷时保持冷却水出水温度在 60~70℃ 之间。

5) 分别在空车、半负荷、全负荷时测定涡轮机前、后废气温度，压气机前、后空气温度，压力及增压器转速等。将所测得的数据与出厂时的试验记录对照，如有差异应分析原因。该组数据必须计入"轮机设备试验记录簿"和"轮机日志"。

(2) 运转管理要点

1) 认真监视主要运行参数。按说明书规定随时观察并定期记录增压空气压力、增压器转速、润滑油压力（油位）、润滑油温度、冷却水压力、冷却水出水温度、涡轮前废气温度等重要参数，以便随时掌握增压器所处的技术状态。废气涡轮增压器的涡轮进口废气温度一般不应超过 450~500℃。

柴油机停车后，废气涡轮增压器的转轴应有惰转（惯性转动），其时间一般为 1 min 以上。

2) 注意监视油位。如油位不足，要及时补充并查明原因。因为油位过低（或油压过低）将造成轴承烧毁甚至整台增压器报废的严重事故，在管理中必须高度重视。

3) 及时发现异常响声。可用金属棒或其他专用工具细心倾听增压器有无异响，发现异响必须及时查找原因并予修复。

4) 尽量避免突然停车。无特殊情况不要突然停车，否则轴承容易咬轴，并可能发生喘振。

(3) 应急处理

1) 及时停车。增压器损坏时，首先要及时停车，以防事故继续扩大。条件不允许时，应迅速降低柴油机转速，且只能短时间运行。

2) 锁定转轴后运行。用专用工具锁住转轴，一般只需拆下压气机端油室盖板，装上专用工具即可。但对脉冲增压器，还须在涡轮端加装专用锁紧工具。此时柴油机应降负荷运转。这种方法适用于时间紧迫，要求尽快恢复柴油机运转的场合。

3) 拆除转子，安装封闭设备。这种方法适用于时间充裕的场合。

采用上述两项措施后，仍应保持冷却水的畅通，但对单独润滑系统，应切断油的供应。

采用停止增压器运行的方法，对于不同的增压系统和增压器台数，具体做法略有不同，应参阅有关说明书。

(4) 一般维护工作

1) 经常清洁进风滤网和进气管，使流道畅通，以利于吸排和消除噪声。

2) 定期清洁冷却水腔，清除水垢，并及时更换防蚀锌板，确保冷却效果，保证油温正常。

3) 定期更换规定品牌的润滑油，以确保油质。在更换润滑油时，用手拨动转子。检查转子转动是否轻快、平稳无杂音，以便发现和消除隐患。

4) 长时间停车时（1个月以上），为防止转子轴弯曲变形，应经常用手转动转子，并用压缩空气冲车以使增压器转动，同时用金属棒触听转子运转情况。

(5) 定期拆检及间隙调整。涡轮增压器要定期拆下转子，以便检查和清洗叶片，消除积垢和脏污，并调整其主要间隙。

2. 废气涡轮增压器常见故障及处理

(1) 增压压力异常。增压压力异常是指在负荷相同的条件下，与正常值对比，增压压力过高或过低。

1) 增压压力的升高往往伴随着增压器超速，其原因多见于柴油机系统故障而产生的后燃严重、柴油机超负荷、排气阀漏气等。运转中要严防柴油机超负荷，保养时注意将柴油机各结构和性能参数调校在规定范围内。

2) 增压压力降低时，如发现增压器转速也降低，其可能原因是废气背压过高、喷嘴环叶片变形而使涡轮效率下降、排气管膨胀接头处漏气、涡轮轴封处积炭严重而使旋转阻力增大等。

3) 如增压压力降低时，增压器转速无明显变化，其可能原因是压气机进口滤网阻塞、压气机叶轮及扩压器严重脏污、叶轮背面气封损坏、扫气箱（进气管）漏气、空冷器内部气道脏污等。停车后应注意清污。

(2) 润滑油消耗过多及污损严重。润滑油消耗过多的原因可能是油池漏油、油封间隙过大、或气封空气通道堵塞所致。

润滑油污损严重多为轴封损坏或间隙过大、气封空气通路堵塞，致使废气进入油池所致。当润滑油质量不合要求或油温过高时，也会发生上述情况。

（3）涡轮壳局部过热。其原因是冷却水量不足、冷却水腔及进出口因水垢或污物堵塞等。

（4）转子轴惰转不正常。正常情况下，柴油机停车后，增压器转子部件仍有一段较高转速的惰转期，并可听到转动的声音。如发生惰转时间过短，其原因可能是涡轮内腔油垢或积炭过多、与转子部件相碰擦、喷嘴环内有杂物或涡轮叶片相碰等。

（5）增压器不正常响声。气封片碰擦、压气机或涡轮机叶片与固定件碰擦、轴承损坏等均会听到金属擦碰声音。发生上述情况，可用金属棒察听具体部位，并仔细检查轴承及转子轴的装配质量。

当叶片损伤和断裂时，往往伴随着增压器强烈的振动和撞击声，此时应立即停车检查。如断裂的叶片一时无法修复，可将与该叶片正对的叶片一同卸去，以保持转子的动平衡，然后装复使用（注意清除异物）。如叶片大量损伤，则须停止增压器运行。

（6）轴承烧毁。轴承烧毁大多是由于润滑油压力过低、油量不足或断油、油质不洁或油品牌号不正确、油中混入金属磨粒所致。其主要表现为增压器转速急剧下降、惰转时间短、使密封件擦伤、叶片变形及断裂，严重时将使整台增压器报废。所以应立即停车检查，更换轴承。如转子已严重损伤，则必须停止增压器运行。

（7）增压器的喘振。增压器工作时，压气机叶轮高速旋转将空气吸入后压入气缸。增压器在设计工况下，叶轮一定的转速对应着一定的空气流量。如增压器转速未变，而空气气流量减少到一定值时，压气机工作便开始变得不稳定，流过压气机的气流会出现强烈的震荡，引起叶片强烈振动，并产生很大噪声，压气机出口压力显著下降，并伴有很大波动，进气管内有"轰隆轰隆"的声响。这种现象称为压气机喘振。喘振不仅引起增压器发生强烈的振动，损坏叶片，严重时将破坏压气机的正常工作。

喘振是压气机的固有特性，产生喘振的根本原因是由于压气机的实际流量小于该转速下引起喘振的限制流量，造成气流与叶片的强烈撞击与脱流所引起的。因此，增压器转速不变、流量过小或者流量不变、增压器转速过高，都可能导致喘振。

任何新造的增压柴油机，只要涡轮增压器与柴油机匹配良好，使用初期都不会发生喘振。但随着运转时间的增长，增压系统中各部件就会污损或出现故障，柴油机本身某些部件也会产生故障，致使两者的性能逐渐恶化，导致匹配不良（增压器转速过高、空气流量过低），容易引起喘振。

1）气流通道堵塞。堵塞使空气流阻增加，流量减小，容易导致喘振。因此在管理中应注意进气滤器、压气机叶轮、扩压器、空冷器、涡轮、喷嘴环的清洁。尤其应注意检查喷嘴的变形情况。增压系统流道阻塞是引起喘振的主要原因。

2）增压器和柴油机的运行失配（如主机超负荷运转）。当船舶超载、冲滩过槽、顶风或船体严重污底等航行时，由于航行阻力增大，要达到同样航速，主机必须增大循环供油量，此时由于废气能量大，增压器转速高，如主机转速不变甚至下降，单位时间所需空气量就减少，将导致两者匹配不良而发生增压器喘振。

如柴油机喷油系统发生故障，如雾化质量差或喷油定时过迟等，将导致柴油机后燃严重，废气能量增加，增压器转速过高。此时由于柴油机做功能力下降，转速也将降低，同样也易引发喘振。

此外，运行中某些暂时的匹配不良也可能发生喘振，如突增、突卸负荷。

高速运转的增压柴油机，如遇突卸负荷（例如迅速断油急停车），柴油机因运动件质量大，加之外界阻力，很快停止运转；而增压器转轴由于自身惯性大，一时不能停转，其供出的空气必定受阻，致使压气机背压过高而瞬时喘振，待增压器转速下降后，喘振自然消失。急速降低主机转速时的情况与此类似。

加速时加油过快，主机转速上升不如增压器转速上升得快，也会使两者暂时失去匹配关系而引发瞬时喘振。同理，当主机转速上升后，喘振自然消失。

3）脉冲增压一缸熄火或各缸负荷严重不均。在脉冲增压系统中，往往将三个气缸的排气管与一台增压器的涡轮进口相连，有时一台柴油机有两台或两台以上的增压器并联地向一根进气总管供气。如由于某种原因一缸熄火，则与该缸相连的增压器涡轮机得到的废气能量减少，增压器转速下降，但压气机出口背压未变化，这对于与熄火缸相连的增压器就显得过高，使该压气机排量减少，因而可能引起该压气机喘振。当各缸负荷严重不均时，与负荷过低的气缸相连的增压器也会出现喘振。为此，在应急情况下，当柴油机必须封掉一缸运行而又出现喘振时，可将与正常运行增压器相连的气缸组中人为地停掉一只缸，以便两台增压器能量均衡。

4）环境温度的变化。环境温度过高时，空气密度小，空气流量显著减小；如果是在低温下选配的增压器，特别是在没有空冷器时，易发生喘振。

2.5 燃油的雾化和燃烧

柴油机燃油的燃烧过程从燃油喷入气缸开始，到膨胀冲程某一时刻为止。此过程的作用就是把燃油的化学能释放出来，转变为热能，在工作循环中起加热工质的作用。

2.5.1 着火的条件与燃烧过程

1. 着火的条件

从燃烧的三要素可知，喷入气缸中的燃油能燃烧，必须满足两个条件：一是可燃物（油）和助燃物（空气）的混合达到合适的浓度，二是具有足够高的着火温度点。

喷入气缸中的燃油首先进行雾化，然后在气缸中的高温、高压空气作用下被加热、蒸发、扩散并与空气混合。由于燃油喷射的局限性，喷入气缸的燃油不可能在燃烧室内形成完全均匀的混合气，而仅是在局部区域首先形成符合着火浓度的混合气，并自行发火燃烧。该着火点既不在浓度较高油滴表面，也不在远离油滴表面的区域，而是在距油滴表面一定的距离，浓度适当，温度足够的位置，且缸内符合此要求的部位不止一处。因此着火的特点是，不同部位多点首先着火，且各循环的着火点不尽相同。着火点形成后，火焰即向四周传播，最后才能形成稳定的燃烧。

2. 燃烧过程

尽管燃烧过程十分短暂，为分析问题方便起见，根据气缸内压力和温度的变化特点，可人为地将燃烧过程分为滞燃期、速燃期、缓燃期和后燃期四个阶段。

(1) 滞燃期。从燃油喷入气缸到燃油刚开始自行着火的时间段，称为滞燃期。

从以上分析可知，喷入气缸的燃油并不能立即燃烧，而是存在短暂的时间间隔，该时间可用滞燃时间 ξ_i（秒）或曲柄旋转的滞燃角度 φ_i（度）表示。

在滞燃期中，由于喷入气缸中的燃油未燃烧，如滞燃期过长，则气缸中未燃烧的燃油累计量就会过多，一旦燃烧，气缸内的压力就会突然升高，使柴油机工作粗暴，严重时会造成敲缸和机件损坏。因此，应尽可能缩短滞燃期。

(2) 速燃期。从燃油开始发火燃烧到气缸内出现最高压力为止的时期称为速燃期，速燃期一般在上止点前几度到上止点后 $10°\sim15°$ 曲轴转角发生。在速燃期内不但烧掉了滞燃期的燃油，而且还烧掉了速燃期喷入气缸的部分燃油，加上此时活塞位于上止点附近，气缸容积较小，活塞运动速度几乎为零，便可以认为近似等容燃烧，其表现形式为，缸内压力急剧升高至最高点。

速燃期内的燃烧速度主要由滞燃期内的燃油累计油量决定。如滞燃期累计的油量多，燃烧速度则加快。

(3) 缓燃期。从气缸内出现最高压力点到气缸内温度达最高点为止的时期称为缓燃期。缓燃期的燃烧速度仍较快，一般出现在上止点后 $20°\sim35°$ 曲轴转角，其最高温度可达 1 700~2 000℃。虽然燃烧燃油量较多，但由于活塞已离开上止点下行，气缸容积迅速增大，所以缸内压力缓慢下降（接近于定压燃烧）。

由于该阶段燃烧室内的废气和燃烧中间产物逐渐增多而氧分子逐渐变少，所以燃油容易发生在得不到氧气或氧气不充分的情况下燃烧，产生黑烟从而影响燃油燃烧的经济性和排烟的净化。该阶段的长短，主要由负荷的大小加以控制。负荷大、喷油量多，则缓燃期就长。

速燃期和缓燃期构成了燃油明显的燃烧时期，故称为主燃期。

(4) 后燃期。后燃是燃烧过程在膨胀冲程中的延续。后燃的原因是由于在缓燃期内，部分燃油未遇到氧气来不及燃烧或燃烧不完全的物质以及部分燃烧产物在高温下裂解出的可燃物质，在活塞下行，气缸内温度下降后继续燃烧形成的。后燃期的终点难以确定，一般随柴油机负荷和燃烧过程的进展情况而异，多出现在上止点后 80°~100°曲轴转角。

后燃期因发生在活塞下行，气缸温度下降，膨胀比减小的阶段，燃烧的热效率较低。另外，后燃还将导致排气温度升高，使柴油机部件热负荷增加。因此应力求缩短后燃期。

3. 理想燃烧过程的特点

(1) 滞燃期内的喷油量较小，以保证柴油燃烧柔和。

(2) 燃烧在上止点附近发生，燃烧压力上升速度正常，最高爆发压力正常。

(3) 燃烧持续时间不过长（燃烧持续期一般不超过 40°曲轴转角）。

(4) 主燃烧期燃烧完全，后燃期最少。

2.5.2 柴油机的运转特性

1. 柴油机的工况

所谓柴油机工况是指柴油机的工作状况或运行状况，如转速的高低、负荷的大小等。概括起来，可以归纳为以下三类：

(1) 柴油机的转速 n 始终不变或变化很小，而负荷可根据需要从零变化到最大。柴油机带动发电机工作时，按此工况工作。

(2) 柴油机的负荷和转速都在一定的范围内变化，而它们之间的变化有一定的规律。柴油机作主机带动螺旋桨工作时，按此工况工作。

(3) 柴油机的负荷及转速在较大的范围内各自任意变化，它们之间没有相互的依赖关系。如船上用来带动应急空气压缩机或应急消防泵的柴油机，以及陆上的车用柴油机都是属于该工况。

2. 柴油机的特性

柴油机的主要性能指标和工作参数随工况而变化的规律称为柴油机的特性。

表征柴油机性能的有效指标主要有：平均有效压力 pe、有效功率 Pe、有效转矩 Me、有效耗油量 ge、有效热效率 ηe 等。

表征柴油机运行状态的工作参数主要有：转速 n、进气压力 pa、增压压力 pk、最高爆发力 pz、排气温度 tr、冷却水温度 tw、增压器转速 nT 等。

通常用试验的方法，把在不同工况下所测得的上述性能指标和工作参数之间的关系用平面直角坐标系表示出来。这些性能指标及工作参数之间的关系曲线称作柴油机的特性曲线。

柴油机的特性是柴油机固有的性能，是合理使用柴油机的重要依据，有以下作用：

(1) 表示柴油机性能。

(2) 确定柴油机工况。

(3) 分析影响特性的状态。

(4) 检测柴油机的状态。

3. 柴油机特性类别

根据柴油机功率的公式：$Pe=Cpeni$。其中 C 为气缸常数，$C=V_s m/60\,000$，V_s 为气缸工作容积，m 为冲程系数（四冲程 $m=1/2$；二冲程 $m=1$），与柴油机大小、形式相关，i 为气缸数，两者均为结构参数。对既定的柴油机而言，C 和 i 均是不变的。因此决定柴油机有效功率的运转参数是平均有效压力 Pe 和转速 n。根据这两个参数的变化情况，柴油机的特性分为速度特性、负荷特性和其他特性三类。

(1) 速度特性。将油量调节机构（油泵齿条或拉杆）固定在某一位置时，使每循环供油不变，而改变柴油机的外负荷，使柴油机转速变化，这样测得柴油机的主要性能指标和工作参数随转速 n 而变化的规律，称为柴油机的速度特性。

根据油量调节机构固定位置的不同，柴油机的速度特性又可分为全负荷速度特性、超额负荷速度特性和部分负荷速度特性。

柴油机的速度特性是柴油机制造厂在柴油机装配完毕之后，经过试车、磨合和调试，使各缸功率达到平衡，并把喷油器提前角调整至最佳值，在试验台上试验时测取的。在试验过程中，润滑油和冷却水的温度及压力应始终保持在最佳状态。在实船条件下轮机员无法进行这项试验。

(2) 负荷特性。负荷特性是指柴油机在转速 n 固定不变时,其主要性能指标及工作参数随负荷而变化的规律。将这些变化规律在平面直角坐标图上标示出来,就是负荷特性曲线。

(3) 其他特性。其他特性包括推进特性、调速特性及限制特性等。

1) 推进特性。当柴油机作为船舶的主机带动螺旋桨工作时,不管柴油机与螺旋桨是直接连接还是通过减速齿轮箱连接,二者之间总要保持能量上的平衡。因此主机发出的功率和转矩随转速而变化的规律与螺旋桨吸收的功率和转矩随转速而变化的规律必须相同。

柴油机依螺旋桨特性工作时,各主要性能参数随转速而变化的规律称为柴油机的推进特性。

2) 调速特性。柴油机的调速特性是指当调速器的转速调节机构定于某一位置时,在外负荷从零到最大值或相反过程的全部变化范围内,柴油机的功率、扭矩或平均有效压力与转速之间的关系。与上述各种柴油机特性不同,调速特性一般并不表明与柴油机内部工作过程有关参数的变化情况,而主要取决于调速器的工作性能。

3) 限制特性。在试验台上把柴油机的平均有效压力 p_e 按不同的规定加以限制的条件下,测得的有效功率和转速的关系,称为限制特性。该特性的作用是使柴油机在可靠工作时机械负荷和热负荷不超出规定的允许范围。

4. 船用柴油机限制特性的应用

用以限定柴油机功率和转速的使用范围,由最大功率、最小功率、最高转速和最低转速所限制,如图 2—7 所示。

(1) 最大功率。柴油机在各种转速下允许达到的最大功率,在不同的工作条件下分别由超负荷速度特性曲线 4、全负荷速度曲线 2、等排气温度限制特性曲线 1 和等转矩限制特性曲线 3 来加以限制。柴油机在各种转速下的功率如果超过这些特性曲线所规定的上限,其经济性和可靠性都将显著下降。

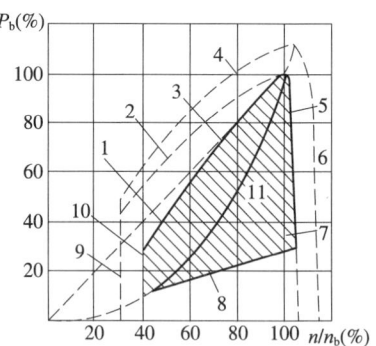

图 2—7 船用柴油机的允许运转范围

(2) 最小功率。柴油机在各种转速下的最小功率由最小的部分负荷速度特性曲线 8 来限制。柴油机负荷减少时,循环供油量也要相应减小。但若减至太小,会使各缸的供油量变得很不均匀,甚至可能导致个别气缸不喷油或不发火，使柴油机运转不稳定，而且还会产生因燃烧不良、燃烧室表面严重积炭或有未经燃烧的柴油沿气缸壁流入曲轴箱污染并稀释润滑油、低温腐蚀加剧等不良后果。最小功率一般规定为长期功率的10%～25%。

（3）最高转速。柴油机转速过高，会产生过大的惯性力和惯性力矩，导致机件的振动和磨损加剧，使柴油机不能安全工作。柴油机在各种负荷下可能达到的最高转速，在装有调速器的情况下，由调速特性曲线5和曲线6来限制。如果在标定功率下调速器使柴油机在标定转速下稳定运转，则在负荷减小时，它将使柴油机在调速特性曲线5所确定的各个转速下稳定运转。同理，如果在超负荷功率下调速器使柴油机在相应的最高转速下稳定运转，则在负荷减小时，它将限制柴油机在曲线6所确定的转速范围内工作。

（4）最低转速。柴油机在各种负荷下的最低转速也是有限制的，柴油机在过低的转速下运转时，油泵柱塞的速度下降，泵油压力降低得过多，致使燃油雾化不良，混合气形成的质量变差，加上各喷油泵的柱塞套筒在加工方面存在的缺陷，可能使个别缸不能连续发火，柴油机工作不稳定甚至导致燃油不能自燃而停车。决定这条限制线的是按全负荷度特性工作（即在油门不变情况下）的最低稳定工作转速曲线9和按推进特性工作（即在柴油机低转速、低负荷）时的最低稳定运转转速曲线10。作为船用主机的最低稳定转速应以曲线10为准。一般低速柴油机的最低稳定工作转速不高于标定转速的30%，中速柴油机不高于40%，高速柴油机不高于45%。

综上所述，对于作为船用主机的柴油机来说，其允许的工作范围如图上1—3—5—8—10曲线所围成的面（即绘有阴影线的那部分）。

2.6 船舶轴系与螺旋桨

2.6.1 船舶轴系

1. 轴系对中的目的

轴系对中的目的，就是使轴系的实际中心线与理论中心线尽量保持一致，以保证船舶主推进装置正常运行。

轴系理论中心线是船舶设计时所确定的轴系中心线。船厂通常根据轴系理论中心线确定主机、轴系各传动轴和轴承的安装位置，所以轴系理论中心线也是船舶修理时的重要依据。

船舶轴系轴线的对中质量，对轴系和主机的正常运转以及船舶振动均有很大影响，特别是对轴径大、轴承间距小、刚性强的轴系影响更为显著。如轴系对中质量差，可能造成的危害是：

(1) 运转时引起轴承的负荷急剧增加，导致轴承发热和迅速磨损甚至咬死。

(2) 艉轴管密封装置迅速磨损产生泄露，引起润滑油泄露造成污染事故。

(3) 主机曲轴臂距差超过规定值，导致曲轴裂纹甚至断裂。

(4) 破坏减速齿轮的正常啮合和支承轴的正常工作。

(5) 引起船体振动，严重的甚至导致轴系断裂等严重机损事故。

新造或修理后船舶的轴系需要进行良好的对中，但船舶经过一段时间营运后，由于各道轴承、轴颈运转中存在不同程度的磨损和船体变形或者发生海损事故等原因，轴系原对中状态会发生变化，所以应定期检验、调整。

2. 轴系对中的技术要求

(1) 轴系中心线状态的检验。轴系的技术状态主要取决于中心线的状态，而中心线的状态是通过轴系中心线弯曲程度和艉轴与柴油机曲轴中心线同轴度来确定的。

1) 轴系中线弯曲度的检验。轴系实际中心线与理论中心线的偏差大小即为轴线的弯曲度。相邻轴连接法兰的偏移值 δ 和曲折值 φ 来表示轴系的弯曲度，一般有四种情形，如图2—8所示。

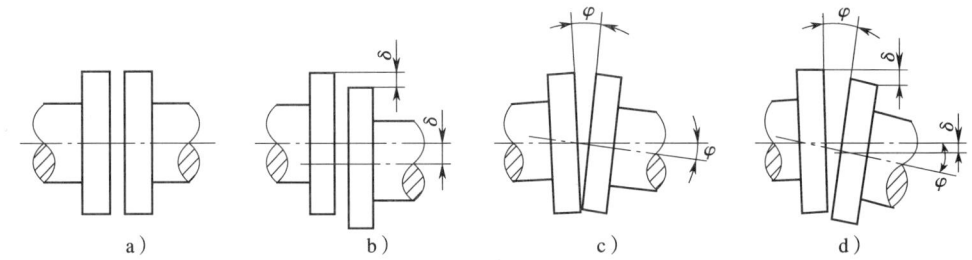

图2—8 相邻两轴连接法兰的偏移与曲折

图a) 相邻轴中心线在一条直线上，连接法兰处的偏移值 δ 和曲折值 φ 均为零。

图b) 相邻两法兰连接处，轴线不重合（δ 不为零）但平行（φ 为零），称偏移，俗称外圆差。

图c) 相邻两法兰连接处，轴线相交成一定角度（φ 不为零，δ 为零），称曲折，俗称开口。

图d) 相邻两法兰连接处，轴线既不同轴，又相交成一定角度，δ 和 φ 均不为零，即同时发生偏移和曲折。一般情况下，轴系同时存在着偏移和曲折。

①轴系弯曲度检验方法。为了正确掌握轴系的技术状态，在修理前应对轴系中心线进行检验。一种是测量每对连接法兰上的偏移值 δ 和曲折值 φ，另一种是采用光学仪器检验，此处仅介绍前一种方法。

为了减少测量误差，检验时应在夜间或阴雨天进行，并且要求船舶排水量不小于船舶空载排水量的 85%，水舱压载要均匀，船上无集中负荷的迁移，停止敲打和振动性作业。

测量前，在距法兰端面 $\iota/5$ 处（ι 为每段中间轴的长度）设置临时支承，拆去法兰连接螺栓，并在两法兰端面留出 $0.5\sim 1.0$ mm 的间隙，以便于测量。

将直尺依次贴附在一个法兰外圆表面的上、下、左、右四个轴向位置上，用塞尺测量直尺与另一法兰外圆的间隙，$Z_上$、$Z_下$、$Z_左$、$Z_右$ 四个数值，如图 2—9 所示。则在垂直方向和水平方向的偏移值为：

$$\delta_{垂直} = (Z_上 + Z_下)/2 \text{ (mm)};$$
$$\delta_{水平} = (Z_左 + Z_右)/2 \text{ (mm)}。$$

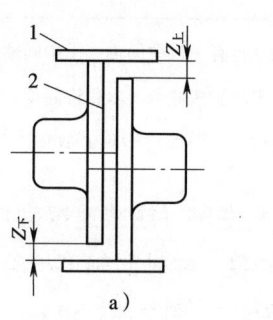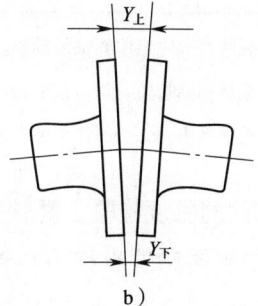

图 2—9 偏移

a) 与曲折 b) 的测量

用塞尺在法兰上、下、左、右四个位置，测量两法兰的端面间隙，可得 $Y_上$、$Y_下$、$Y_左$、$Y_右$ 四个数值，则在垂直和水平方向的曲折值为：

$$\varphi_{垂直} = (Y_上 + Y_下)/S \text{ (mm/m)};$$
$$\varphi_{水平} = (Y_左 + Y_右)/S \text{ (mm/m)};$$

式中 S 为法兰直径（m）。

对中时，如 $Y_上 > Y_下$，称为下开口；$Y_左 > Y_右$，称为左舷开口；$Y_左 < Y_右$，称为右舷开口。

②轴系弯曲度检验标准。轴系测量所得的偏移和曲折值应符合船舶轴系修理技术标准，表 2—3 为轴系各法兰的偏移和曲折的修船标准许用值。

表 2—3　　　　　　　　　　　轴系各法兰的偏移和曲折值

分类	要求对中部位	修理船舶		新造船舶	
		偏移 δ/mm	曲折 φ/（mm/m）	偏移 δ/mm	曲折 φ/（mm/m）
长轴系	推力轴与相邻中间轴法兰	≤0.15	≤0.20	≤0.10	≤0.15
	艉轴与相邻中间轴法兰	艉轴安装间隙 25%	$\delta=0$ 时，上开口≤0.25；下开口≤0.50	艉轴安装间隙的 20%	$\delta=0$ 时，上开口≤0.15；下开口≤0.30
	中间轴相邻法兰	按表下说明原则，合理分配 δ 值和 φ 值			
短轴系	推力轴后各法兰	≤0.25	≤0.25	≤0.20	≤0.20
	牙嵌式离合器	≤0.20	≤0.30	/	/
	气胀式离合器	≤0.60	≤2.00	/	/
	齿形离合器	≤0.40	≤0.10	/	/
主机曲轴与推力轴（或齿轮轴）法兰		按曲轴最后一道壁距差的允许范围调整 δ，使曲轴轴心偏高 0.05～0.10 mm			
		/	≤0.15	/	≤0.10

说明：①长轴系指具有两根或以上中间轴的轴系。短轴系指有一根中间轴或无中间轴的轴系。

②中间轴相邻法兰的偏移和曲折值，均可按艉轴与相邻中间轴法兰的要求稍许降低。各中间轴法兰的 δ 和 φ 值基本上是平均分配，对靠近轴系中间部分的法兰要求还可降低些，但当 $\delta=0$ 时，φ_{max}≤0.60（mm/m）。

2）艉轴和曲轴的同轴度检验。艉轴和主机曲轴（或减速器轴）位于轴系的两端，称为端轴，艉轴与曲轴同轴度也称为端轴同轴度。端轴同轴度检验，实际上就是检验两端轴轴心线的相对位置情况，即测量总偏移值 $\delta_{总}$ 和总曲折值 $\varphi_{总}$。

①艉轴与曲轴同轴度检验方法。目前检验端轴同轴度的方法主要有平轴法、平轴计算法、拉线法和照光法等。此处介绍平轴法。

用平轴法测量两端轴的不同轴度时，以艉轴（或曲轴）的法兰为基准，由尾向首（或相反方向），调节临时支承的上、下及左、右位置，使每对连接法兰上的移偏和曲折为零。此时，最后一对法兰即推力轴或最后一根中间轴与柴油机曲轴法兰处的偏移和曲折值，就是两端轴不同轴的偏移量 $\delta_{总}$ 和倾斜度 $\varphi_{总}$，如图 2—10 所示。

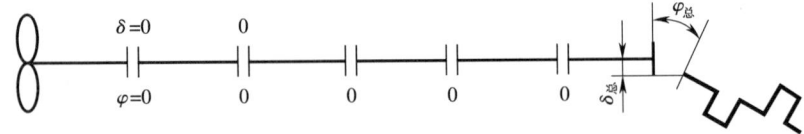

图 2—10　平轴法检验两端轴的同轴度

②艉轴与曲轴同轴度检验标准。表 2—4 所列为两端轴之间轴的允许偏移和曲折值。表中 L 计算为轴系受偏中连接影响后弯曲部分的长度。L 计算依主机与轴系联接形式选取，可参见有关船舶轴系、螺旋桨和舵系修理技术标准。

表 2—4　　　　　　　　　　两端轴允许的偏移和曲折

L 计算 (m)	轴的最小直径 (mm)					
	100	150	200	100	150	200
	总偏移 $\delta_{总}$ ($\varphi=0$) mm			总曲折 $\varphi_{总}$ ($\delta=0$) mm/m		
5	1.25	0.85	0.65	0.42	0.28	0.21
10	5.2	3.50	2.60	0.78	0.51	0.39
15	11.7	7.80	5.80	1.17	0.78	0.58
20	20.8	13.9	10.4	1.56	1.04	0.72

对新造船舶或轴系修理后的船舶进行轴系安装时，可利用拉线法或照光法等先确定轴承的高度及左右位置，再将各中间轴装入，然后将轴线的总偏移和总曲折平均分配到各中间轴法兰上，使每对法兰上的偏移和曲折不超过规定范围，但最末端中间轴的尾法兰与艉轴首法兰及最前端中间轴的首法兰与推力轴尾法兰不允许借线。考虑到主机飞轮端轴承磨损及飞轮下垂的影响，一般应使曲轴轴心线偏高 0.05～0.10 mm，但柴油机止推轴承邻近的主轴承下轴瓦不能托空。

(2) 轴系状态的调整。通过对轴系状态的检验，即轴系中心弯曲度和两端轴同轴度的检测，并与标准比较，其结果可能有以下几种情况：

1) 轴系偏差度和同轴度均符合要求，即表明轴系状态良好。

2) 轴系同轴度符合要求，但偏差度检测发现轴系有的法兰上的 δ、φ 不符合要求，则应采用调节相关中间轴承和中间轴位置的方法，使法兰上超过标准的 δ、φ 回复到许可范围内。

3) 轴系同轴度不符合要求，即轴系的 $\delta_{总}$ 和 $\varphi_{总}$ 超过规定值。与轴系的同轴度误差较大时，表明轴系的偏差度也不符合要求。

为了使轴系同轴度符合要求，必须改变两端轴的相对位置来调整轴系的状态。具体的修理方案有三种：

①偏心镗削艉轴承或艉轴管，通过改变艉轴中心线的位置，达到与曲轴同轴，但应保证艉轴承或艉轴管径偏心镗削后其最薄处的壁厚尺寸，以满足强度要求。

②当同轴度误差过大，偏心镗削的方法不能使轴线修正时，则应改变主机的位置，

使曲轴中心线与艉轴中心线对准，从而 $\delta_{总}$、$\varphi_{总}$ 符合要求。但改变主机位置的工程量较大，并且也受机舱空间位置的限制。

③同时采用偏心镗削艉轴承或艉轴管和改变主机位置两个措施，即通过改变两端轴的轴线位置来达到同轴的目的。但是此方法工程量更大，制约的因素更多。

在船舶轴系的实际运转中，一般轴系的同轴度误差均在允许范围内，仅偏差度容易出现不符合要求的情况，但当个别法兰上的 δ、φ 超过标准时，对轴系的运转无较大影响，一般不需调整。轴系产生过大的同轴度误差通常是由于发生海损事故，船体受到较大破坏，如船舶搁浅使机舱或船尾遭受创伤。

2.6.2 螺旋桨

1. 螺旋桨的常见缺陷

发生在桨叶上的常见缺陷有：腐蚀、磨损、裂纹、断裂和弯曲等。

(1) 腐蚀和磨损。腐蚀通常指电化学腐蚀和空泡腐蚀；磨损多半是由于激流和泥沙冲击桨叶表面所造成的。

(2) 裂纹与断裂。螺旋桨在水中受水的冲击腐蚀或异物撞击等，产生腐蚀疲劳或应力疲劳裂纹。如螺旋桨存在铸造缺陷或铜合金的成分腐蚀（如黄铜脱锌，高锰铝青铜脱铝）等，则螺旋桨材料的机械性能将会大大弱化，裂纹更加容易形成。

对于位置大于 $0.7R$ 的桨叶上的裂纹、在 $0.4R \sim 0.7R$ 之间的桨叶部分的且长度不超过该处叶宽 1/4 的裂纹和直径小于 2 m 的螺旋桨根部的短小裂纹（长度不超过桨毂的厚度），可采用焊补修复。此外，如 $0.6R$ 以外的裂纹和断裂，也可采用金属扣合工艺修复。

(3) 弯曲。螺旋桨若碰到硬物或线绳时，易造成桨叶的弯曲。对桨叶边缘弯曲较小（20°以内）、弯曲处较薄（厚度为 15～20 mm）的钢制或铜质螺旋桨，可采用冷态矫正。如超过上述范围，则应采用热矫正。

2. 螺旋桨的测量

螺旋桨的螺距有等螺距和不等螺距两种，无论是等螺距还是不等螺距的螺旋桨，习惯上都以 $2/3R$ 处的螺距为代表，下面介绍两种简单的测量螺距的方法。

(1) 用螺距仪测量螺距。将螺旋桨放在平板上，使锥孔小头向上（即压力面向上），把测螺距仪的椎体垂直地架在锥孔上。测螺距仪各部分的构造和作用是：在椎体的杆子上有分度盘，有按圆周分成 360°的刻度，横尺用圆套套在杆子上，并能绕杆子作任意角度的转动。在横尺上刻有度量螺旋桨半径的刻度，在圆套上刻有准线（向下指的箭头）可以将横尺绕杆子转动的角度从分度盘上读出。设在横尺上的滑块内插着刻有尺度的圆杆滑尺，滑块可以沿螺旋桨径向固定在任意的半径上。圆杆滑尺可用作划出圆弧和测量桨叶任意位置的垂直高度。

具体的测量计算方法如下：在桨叶的压力面上涂上一层白粉（便于看清划线），用测螺距仪沿径向把桨叶分为六等分，从 $0.4R$ 开始划线到 $0.9R$，分别划出六段圆弧半径，并在各个半径的圆弧上分别找出靠近导边和随边缘的两点，使两点的夹角∝为圆周角 $360°$ 的整因数（即取 $10°$、$20°$、$24°$、$30°$ 等，以方便计算），其夹角数值可从分度盘上读出，A 点及 B 点的垂直高度 a 和 b 值可以从圆杆滑尺上读出。因此，各半径上 AB 圆弧的螺距可用公式计算，即：

$$H = 360°/\propto (b-a)$$

式中　H——螺距，mm；

　　　∝——从分度盘上读出的 AB 两点间的夹角，度；

　　　b——B 点的垂直高度，mm；

　　　a——A 点的垂直高度，mm。

各个半径上的螺距的求法是一样的，各个桨叶的测量方法也相同，将各个桨叶的同半径上的螺距加起来，则可求出该半径上的平均螺距，各桨叶上的螺距与平均螺距的偏差值应符合图纸的规定，如超出应当校正。

对于等螺距的桨叶，可先求出各桨叶上的平均螺距，再以同样的方法求出整个螺旋桨的平均螺距，各桨叶螺距与平均螺距的偏差应符合图纸规定。

（2）用直角三角板测量螺距。在没有螺距仪的情况下，可以用简易方法，近似地测量各桨叶的螺距数值和偏差。

首先根据所测螺旋桨的直径 D，在平板上画一个圆。接着又以 $2/3$ 的半径（$2/3R$）画一个圆，将螺旋桨叶面朝上平放在平板上，并且使桨叶叶尖对准所画的大圆，使两圆重合。然后用两个直角三角板，沿着 $2/3R$ 圆周线量出桨叶的投影宽度（即弧长），这称作水平宽度（C），再量出桨叶上下边缘垂线间的距离，这是垂直高度（P）所量出的水平距离，即为圆周的一部分，而垂直高度即为螺距的一部分。如果螺旋桨转动水平距离一样的长度时，螺旋桨应前进垂直高度的一段距离，而螺旋桨转一圈，前进的距离是一个螺距，所以水平距离与垂直高度的比等于圆周与螺距之比。即：

水平距离（C）/垂直高度（P）＝圆周（$2/3 \cdot 2\pi R$）/螺距（H）

则：$H = P \times 4\pi R/3C$

式中：R——螺旋桨半径，mm；

H——螺距，mm。

(3) 螺旋桨（装在尾轴上）测量螺距。船舶在坞时，螺旋桨装在尾轴上，测量时首先转动主机，使一个桨叶处于水平位置，以桨毂中心圆心，以 $2/3\ R$ 为半径，在桨叶面上画一弧线。然后用一条两端系有重物的线，放在叶面上画有弧线处，用直尺平行于轴并贴靠桨叶系线处的边缘，量出直尺与桨叶上边缘之间的距离，即水平距离 C，再量出两线间的距离，即垂直高度 P。根据 P，C 的值按公式 $H=P\times 4\pi R/3C$ 计算螺旋桨的螺距 H。

3. 轴系共振的危害及操作注意事项

(1) 危害。将引起轴系裂纹和断裂、传动齿轮和链轮打击、齿面点触及断齿、柴油机零部件发生故障，加快磨损、柴油机运行不稳定，如导致柴油发电机组输出电压不允许的波动、激发相关设备（如机架等）和船体振动，并引起异常噪声及轴系扭转纵向耦合振动（当扭转振动的自振频率与纵向振动的自振频率相等或相近时发生的振动现象）。

(2) 操作注意事项。通常"转速禁区"在转速表上用红色标示，并在操纵台前设有告示牌，以引起轮机管理人员的注意。操作时，禁止柴油机在"转速禁区"内持续运转，如遇"转速禁区"应快速越过。

第 3 章

船用辅机与电气

3.1 船用辅机

3.2 船舶电气

3.1 船用辅机

3.1.1 齿轮泵

1. 齿轮泵运行管理要点

(1) 有油。启动前必须确保泵内有油，避免启动过程发生干摩擦，造成工作面严重磨损。

(2) 转向。启动前检查泵的转向是否正确，以免泵反转而改变吸、排方向。

(3) 防止超压。泵不宜在超出额定压力的条件下工作中，以免电动机过载或泵损坏。

(4) 轴封滴漏。轴封允许有少量渗漏，以利于密封面的润滑和冷却，但不能泄漏成串。

(5) 防汽蚀。工作中吸入压力不应过低，在管理中应经常清洗滤清器，开足吸入截止阀，保持合适的油温。

(6) 防吸入空气。空气的进入不仅会引起泵的流量下降，而且是产生噪声的主要原因。为此应保持吸入油面有足够的高度，确保吸入管路密封良好。

2. 齿轮泵检修要点

(1) 工作表面检查。认真仔细检查齿轮、泵体和端盖的工作表面有无擦伤、划痕。如有，应进行研磨予以消除。对于磨损严重或出现裂纹者，则应补焊后精加工或换新。

(2) 配合间隙检查

1) 轴向（端面）间隙。用压软铅丝的方法测量，外齿轮泵一般为 0.04～0.08 mm；内齿轮泵一般为 0.02～0.03 mm。轴向间隙可通过改变端盖与泵体之间的垫片进行调节；如磨损过大，也无垫片再调小时，可将泵体端面磨去少许。

2) 径向（齿顶隙）间隙。用塞尺测量，其值一般为 0.10～0.15 mm。

3) 啮合（齿隙）间隙。用压铅法或塞尺测量。

(3) 轴承检查。轴与轴的径向间隙一般为 0.03～0.08 mm，间隙超过磨损极限时。如采用的是滚动轴承，发现钢珠或滚子有较大的磨损，或座圈有裂纹，或内圈的转动有卡阻时应换新。检查轴封的技术状况请参阅有关离心泵部分。

(4) 装复检查。泵装复后转动泵轴，应转动灵活而无卡阻。

3. 齿轮泵的常见故障分析与处理

齿轮泵的常见故障分析与处理见表 3—1。

表 3—1　　　　　　　　齿轮泵常见故障与处理

故障现象	故障原因	排除方法
不能排油或油量不足	泵不能回转或转速太低	检查电源或拆检油泵
	电动机转向接反	重新接线
	吸入管或吸入滤清器堵塞	检查管路或清洗滤清器
	吸油管露出液面	加油至油尺基准线
	吸油管漏气	检查吸油管消除漏气
	吸、排阀未开或开度不足	开足吸、排阀
	内部间隙太大或安全阀漏泄	拆泵检查
	启动前泵内无油	向泵内灌油
泵磨损太快	油液含磨料性杂质	加强过滤或更换油液
	长期空转	防止空转
	排出压力过高	设法降低排出压力
	泵装配失误	检修校正
工作噪声太大	吸入滤清器堵塞	清洗滤清器
	吸入滤清器容量太小	换用大容量的滤清器
	吸油管太细或堵塞	更换或疏通管路
	漏入空气	消除漏气
	油箱内有气泡	检查回油管，防止发生气泡
	油位太低	加油至油标线
	泵产生机械摩擦	拆检泵轴、齿轮、啮合面和轴承

3.1.2 离心泵

1. 离心泵工况调节

离心泵在工作中往往需要调节流量,这就需要改变泵的工况点。改变泵的工况点称为工况调节。工况调节可借助改变泵的特性或管路特性来实现。船用泵常见的工况调节方法有以下几种:

(1) 节流调节法。在泵转速一定时,改变排出阀的开度,使管路特性发生变化,实现工况点在泵特性曲线上左右移动。节流调节法经济性较差,但简便易行,故广泛采用。改变吸入阀开度也能调节流量,但可能因吸入压力过分降低而发生汽蚀现象,故不宜采用。

(2) 回流(旁通)调节法。用改变旁通阀的开度,使部分液体经旁通阀回流,以改变供入主管路的流量来调节工况。回流调节的范围较广,但经济性很差。适用于具有下降功率特性的混流泵和轴流泵。

(3) 改变管路静压调节法。船上某些管路系统给水的需要量很不平均,常在零至最大值间变化。为了使泵在高效率区运动和满足用水的需求,常用压力继电器控制泵间断地工作。当水位达到要求的上限值时,压力继电器动作而断开触头,使泵停止工作;反之,当水位降至规定下限值时,压力继电器动作而闭合触头,使泵启动。泵在运动中,随水柜水位升高,管路特性曲线逐渐沿纵坐标平行上移,使工况点沿泵的压头特性曲线逐渐右移而减小泵的流量,例如船上压力水柜的给水泵就是采用这种方法来调节工况的。

2. 离心泵的常见故障分析与处理

离心泵的常见故障分析处理见表 3—2。

表 3—2　　　　　　　　离心泵常见故障与处理

故障现象	故障原因	排除方法
泵启动后不出水	未引水、引水装置失灵或底阀漏	检查引水装置和底阀并引水
	吸入端漏气严重	消除漏气
	吸入管漏出液面	加接吸入管或提高吸入液面
	吸高太大	降低吸高
	吸入管流阻太大	清洗滤清器,开足吸入阀
	吸、排阀未开或底阀锈死	打开、排阀或检修底阀
	吸液温度过高	降低水温
	叶轮松脱、淤塞或损坏	检查或更换叶轮
	转速太低或反转	检查泵或电源

续表

故障现象	故障原因	排除方法
流量不足	转速不足	检查泵或电源
	阻漏环磨损严重	修理或更换阻漏环
	吸入管或轴封漏气	消除漏气
	吸入液面低以致吸入部分液体	提高吸入液面
	吸、排阀未开足	开足吸、排阀
	发生了汽蚀现象	提高吸入压力
填料轴封泄漏严重	填料轴封处间隙过大	压紧填料压盖
	填料失效	更换填料
	轴封处产生裂痕	修理或更换
	轴弯曲或轴线不正	校直或更换泵轴，校正轴线
工作时发生噪声和振动	地脚螺栓松动	上紧地脚螺栓
	联轴器对中不良或轴线不正	校正轴线
	轴承磨损或损坏	更换轴承
	泵轴弯曲	校直或更换
	泵内有杂物	清除杂物
	发生汽蚀	提高吸入压力

3.1.3 船用活塞式空压机

1. 空压机的检修保养

(1) 气阀。气阀在装入阀室时要保证接触面的平整、定位和紫铜垫片的退火，以保证其密封性能。

(2) 余隙容积的检查与调节。余隙容积以压铅法测得的高度来表示。在测试时，铅丝直径一般取 1.5 倍标准余隙高度为宜，沿轴向避开阀窝摆放。余隙容积高度由垫片调节，垫片必须采用符合要求或厂方提供的备件。

(3) 活塞连杆组件。活塞组件的检修与柴油机类同，在此特别注意的是，安装活塞连杆组件时，各气密环、刮油环的搭口应互相错开，一般互成 120°～180°角，对于有倒角的刮油环，有倒角的一面应朝上安装，各运动件的摩擦面都应抹一些润滑油。

拆装高压缸小直径活塞环时，应特别小心，不能采用一般活塞环的拆法。应用 3～4 mm 宽的白铁皮（或铜片）3～4 片，一片一片地从搭口处套入活塞环内，并慢慢移动，使白铁皮沿活塞的外圆柱面均匀分布，这样就可以把活塞环一道一道地拆出而不易拆断。安装时，可先把活塞环轻轻地装入第一道环槽内，然后按拆时的方法把活塞环装在相应的环槽内。

拆连杆大头轴承盖时,应注意其上的垫片不要遗失,两边的垫片也不要搞混,连杆装好后,用旋具拨动大头,其轴向位移不超过1 mm,即认为松紧合适。

(4) 空压机安装后的检查。空压机检修装复后,用手转动飞轮一周,应转动灵活,既无卡阻也不松动。传动皮带的松紧度应合适,一般用手或直尺压在皮带中间,皮带的下沉量为10～15 mm较为合适。曲轴箱内的油位应严格保持在油尺的两刻线间。

2. 船用活塞式空压机的常见故障分析与处理

(1) 机械故障(见表3—3)

表3—3　　　　　　　　机械故障产生的原因及排除方法

故障现象	故障原因	排除方法
气缸与缸盖发热	飞轮装反或风向不对	重新安装飞轮
	气阀工作不正常,造成各缸的负荷重新分配;负荷增大或排气阀漏气的缸,气缸和缸盖的温度升高	检查并排除气阀工作不正常的原因
突然冲击	气缸中积聚水分,产生"水击"	检查原因并排除,修复损伤部分
	阀片折断或吸气阀并紧螺母松脱	取出掉入物,并修复损伤部分,注意装上气阀并紧螺母的开销
吸、排气阀的敲击声	气阀定位螺钉未到位,气阀受到气流的冲击而上、下跳动	松开并紧螺母,旋紧气阀定位螺钉
	阀片折断	更换
	弹簧松软或失去弹性	更换
	阀座深入气缸与活塞相撞	用加垫片的方法使阀座升高

(2) 排气量降低(见表3—4)

表3—4　　　　　　　　排气量降低的原因及排除方法

故障现象	故障原因	排除方法
空滤器故障	空滤器部分被污垢堵塞	吹扫或清洗空滤器
气阀故障	阀片变形或阀片与阀座磨损	更换阀片或研磨阀片和阀座
	阀片与阀座接合面有污物,造成气阀关闭不严	清洁气阀
	阀座与阀孔接合面不严密或垫片忘记而造成漏气	研磨接合面或加装垫片
	气阀弹簧刚性不当	更换弹簧
	气阀通道被炭渣部分堵塞	清除积炭

续表

故障现象	故障原因	排除方法
气缸和活塞的故障	气缸与活塞、活塞环磨损，间隙过大，漏气严重	更换缸套、活塞或活塞环
	缸盖与缸体贴合不严漏气	刮研结合面或更换垫床
	气缸冷却不良，新鲜空气预热	加强冷却
	活塞环咬死或折断	更换环、调整间隙并加强润滑
	活塞环搭口在一个方向	重新安装活塞环
	传动带过松或打滑	调节皮带松紧或更换皮带
	余隙容积过大	调节气缸垫片
中间冷却器故障	冷却水量过小或次级进气温度升高	加大冷却水流量
	热交换器脏污或积水垢	清洗热交换器

(3) 排气压力和温度不正常及其他故障（见表3—5）

表3—5　　排气压力和温度不正常及其他故障

故障现象	故障原因	排除方法
高压级排气压力高于额定值	安全阀失灵	检修安全阀
	高压压力继电器失灵或故障	检修或更换
低压级排气压力偏高	高压级进、排气阀漏	检修气阀
	中冷器冷却效果差	清洗滤清器
低压级排气压力偏低	低压级进气阀或排气阀漏	研磨气阀或更换阀片
高压排气温度过高	高压缸排气阀漏	检修高压缸气阀
	气缸或中间冷却不良	加强气缸或中间冷却
低压缸排气温度过高	低压缸排气阀漏	研磨气阀或更换阀片
	高压级进气阀漏	研磨气阀或更换阀片
	第一级进缸气温度太高	适当降低进气温度
	中冷器冷却效果太差	检修中冷器
储气瓶中有过量滑油	曲轴箱油位过高	放掉多余滑油
	活塞环磨损、咬死、折断或搭口转至一边	更换活塞环或重新安装
	刮油环装反	将刮油环倒角朝上安装
	气液分离器失效	检修气液分离器

3.1.4 液压控制阀

1. 常见液压控制阀的功能

(1) 单向阀（又称止回阀）。单向阀的作用是只允许油液单向流动。

(2) 换向阀。换向阀是靠阀芯相对阀体的位移控制油路的通断和油液流向改变的阀件。

(3) 溢流阀。溢流阀的作用是在阀前系统油压超过整定值时泄放油液。按其在液压系统中的功用分为定压阀和安全阀两类。定压阀在系统工作时常开，借改变溢流量来保持系统的油压基本稳定；安全阀在系统工作时常闭，仅在系统油压超过调定值时才开启溢油。

(4) 减压阀。减压阀的作用是使流经阀的油液节流降压，并保持阀后压力或压差基本恒定，以便从系统中分出油压较低的支路。

(5) 顺序阀。顺序阀是一种用油压信号控制油路通、断的阀，用来控制执行元件的动作顺序。

(6) 节流阀。节流阀是靠移动或转动阀芯改变阀口的通流面积，从而改变油流阻力，以控制油流流量。

2. 常见液压控制阀的故障排除

(1) 换向阀的常见故障分析处理。换向阀的常见故障主要有阀芯不能离开中位或移动不到位，阀芯不能回中等。其具体分析见表3—6。

表3—6　　　　　　　换向阀常见故障分析与处理

故障现象	故障原因	排除方法
阀芯无法移动或移动不到位	电路不通或电压不足	检查电路或调整电压
	激磁线圈脱焊或烧毁	焊接或更换线圈
	控制油压过低	调高或更换线圈
	阀芯或阀孔加工精度较差，配合间隙太小	提高加工精度，保证配合间隙
	阀芯或阀孔碰伤变形	修理或更换
	弹簧太硬	更换较软弹簧
	油液太脏，有脏物进入间隙	加强过滤和清洁阀件
	油温过高，阀芯因膨胀而卡死	加强系统冷却
	电磁铁推杆密封处的油压过高，摩擦阻力过大	更换密封圈
	控制油路中节流阀开度过小或控制油液黏度过高	调节开度或更换控制油

续表

故障现象	故障原因	排除方法
阀芯不能回中	回中弹簧太软	更换弹性较大弹簧
	阀芯卡阻	修理阀芯
	电磁铁不能释放	检修电磁线圈或电磁铁
	控制油压不能泄压	检查控制油路

（2）溢流阀的常见故障分析处理。其具体分析见表3—7。

表3—7　　　　　　先导式溢流阀常见故障分析与处理

故障现象		故障原因	消除方法
阀全开，系统不能建立油压	主阀不能关闭	主阀芯在开启位置卡死主阀芯不能复位	拆卸清洗
		阻尼孔被堵塞主阀芯不能复位	拆卸疏通
		复位弹簧折断、弯曲使主阀芯不能复位	换弹簧
	导阀不能关闭	导阀弹簧漏装或折断	重装或更换弹簧
		导阀漏装或碎裂	重装或更换导阀
	远控口泄压	外接控制阀常开通油箱	外接控制阀
		外接油管破裂	更换油管
系统压力不高	主阀关闭不严	阀芯与阀座间隔有杂物	拆卸清洗
		制造不圆、偏心	更换
		磨损	研磨
	导阀关闭不严	导阀弹簧太短、弱或弯曲	更换弹簧
		阀与座间有杂物、磨损	拆卸清洗、研磨
		制造不良	更换
	远控口漏油	外接管漏油	换管
		控制阀漏油	检修控制阀
	主阀体与先导阀体间泄露	密封圈损坏	更换密封圈
		螺钉松动	上紧螺钉
系统的压力无法调低	主阀卡死于关闭位置	—	拆卸清洗
	导阀不通	导阀与阀座粘住	拆卸清洗
		导阀孔堵塞	拆卸清洗疏通
		导阀弹簧弯曲而卡阻	更换弹簧

续表

故障现象	故障原因	排除方法
压力波动、不稳定	主阀动作不灵活	检修主阀
	主阀阻尼孔时堵时通	清洗疏通阻尼孔
	主阀阻尼孔径太大	更换阀芯
	台肩与阀体配合间隙过大使阻尼作用过小	更换阀体或阀芯
	主阀或导阀密封面与阀座磨损不均匀，接触情况不稳定	拆卸研磨
	导阀调节测微螺杆锁紧螺母松动	上紧锁紧螺母
	弹簧弯曲导致开启压力不稳定	更换弹簧

（3）减压阀的常见故障分析处理。其具体分析见表3—8。

表3—8　　　　先导式减压阀常见故障分析与处理

故障现象	故障原因	排除方法
出口无压力	主阀卡死于关闭位置	拆检并清洁
	阻尼孔堵塞	疏通阻尼孔
	主阀弹簧失效	更换弹簧
不起减压作用	主阀在全开位置卡死	拆检并清洁
	泄油口不通或泄油阻力过大，主阀全开	检查泄油孔道使其畅通
	导阀打不开，使主阀全开	检修导阀
出口压力无法调高	主阀体与导阀体间的密封圈或外控口螺塞漏油造成主阀上腔油压太低	更换密封圈或将螺塞涂抹密封胶上紧
	导阀关闭不严或弹簧太弱，使主阀上腔油压太低	研磨导阀或更换弹簧
出口无压力	主阀移动不灵敏，调节不灵活（阀与阀体的几何精度差，弹簧太弱或弯曲受卡，阻尼孔时堵时通）	检修各零件或更换零件
	油中有太多气体	排除系统中的空气
	导阀与阀座加工精度差或磨损而接触不良或弹簧弯曲变形	研磨导阀或更换弹簧

3.1.5　电动液压舵机

1. 我国钢质内河船舶对建造规范舵机的要求

中国船级社《钢质内河船舶建造规范》对舵机的基本要求如下。

（1）自航船舶应根据其用途和航区设置一套动力操作舵装置。

（2）动力操舵装置应具有两台操舵能力相同的舵机装置动力设备，可采用由两台主机分别驱动液压泵的形式，也可采用一台液压泵由主机驱动，另一台液压泵由独立的动力驱动。对转舵扭矩大于 16 kN·m 的电控型舵机，当一套管系或动力设备发生单项故障时能被隔离，在 10 s 内转换至另一台工作，并应设有转换的信号标志。对转舵扭矩不大于 16 kN·m 的电控型舵机并设有手动转向器者，当一台动力设备发生故障时能被隔离，在 10 s 内转换至另一台工作，并应设有转换的信号标志；当转换发生故障时能被隔离，操纵手动转向器，使操舵能力能够保持。

（3）对航行于非急流航段的船舶转舵扭矩大于 16 kN·m 的液控型和机械控型舵机，均应设置备用换向阀，正常操舵的换向阀与备用换向阀之间应能有效地隔离，并设有转换装置进行切换。

（4）对动力操舵装置，船舶在最大营运前进航速时，每台操舵装置动力设备的转舵时间应满足下列要求。

1）对转舵角度为 ±35° 的舵机，舵从一舷 35° 至另一舷 30° 时：

①急流航段的船舶 ≤12 s，对于船长小于 30 m 的船舶 ≤15 s。

②非急流航段的船舶 ≤20 s。

2）对转舵角为 ±45° 的舵机，舵从一舷 45° 至另一舷 40° 时：

①急流航段的船舶 ≤15 s。

②非急流航段的船舶 ≤25 s。

（5）对人力（机械或液压）操舵装置，船舶在最大营运前进航速时，舵从一舷 35° 至另一舷 30° 的操纵手轮的力和转舵时间应符合表 3—9 的规定。

表 3—9　　　　　　　　　操纵手轮的力和转舵时间

	急流航段船舶	非急流航段船舶
操纵手轮的力（N）	≤147	≤147
转舵时间（s）	≤15	≤20

（6）在急流航段，除转舵扭矩大于 16 kN·m 的船舶应采用蓄电池作应急能源外，其余船舶可采用蓄压器或手动液压泵作应急能源。转舵扭矩大于 16 kN·m 的应急操舵动力设备除应能满足上述时间要求外，还应能满足船舶在 60% 最大营运前进航速时，舵从一舷 15° 至另一舷 15° 的转舵时间不大于 15 s。

（7）当采用非随动操纵方式时，阀控型液压操舵的冲舵角应不大于 2°，舵在任何位置均不应有明显的跑舵现象。当采用液压或机械操纵方式时，滞舵时间应不大于 1 s，操舵手轮的空转应不大于半圈。

(8) 电动舵角指示器的最大误差不超过±1°。对其他舵角指示器的最大误差不超过±1.5°。当采用随动操舵方式时，舵的实际转角与驾驶室舵角指示器的舵角最大误差不超过±1°。

2. 电动液压舵机的组成、特点及工作原理

阀控型舵机系统（15.68 kN·m 电动液压舵机），该舵机公称扭矩为 15.68 kN·m，最大工作压力为 2.45 MPa，安全阀调定压力为 2.65 MPa，舵机油泵为齿轮泵。

(1) 舵机系统的组成与特点。图 3—1 所示为该舵机的液压系统图。系统采用简单的开式循环，操纵方式为非随动式，泵的排液是否供入拔叉式的转舵机构 1，由设于驾驶台作操舵用的手动三位四通换向阀 13 直接控制（俗称直控式）。两油泵 5 均由交流电动机驱动，两台可定期轮换使用。蓄能器 10 作应急能源，在油泵停止工作时和 60% 最大营运航速下，其容量能不少于 6 次把舵从一舷最大舵角转至另一舷最大舵角。两台泵的排出管上均装有单向阀 7，以免工作泵的排液倒灌至备用泵而影响转舵，而且在卸荷阀 6 开启后油泵卸载运行时，使蓄能器保持调定压力。采用中位机能为 O 形换向阀兼作通向转舵机构油路的锁闭阀，以防止跑舵；在不操舵时，使油泵向蓄能器充液，储存能量。单向节流阀 9 既能使蓄能器通畅地充液蓄能，又可通过改变节流阀的开度对放液的速度进行调整，以满足转舵速度的要求。油路上的缓冲器 12 可减小油路换向时的液压冲击。本舵机适用与主机功率 376.6 kW 以下的各类船舶。

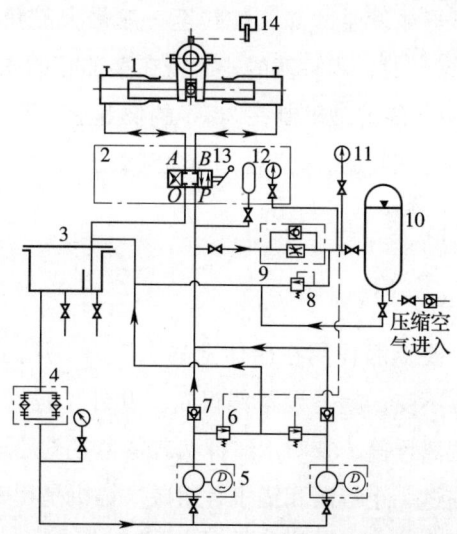

图 3—1　15.68 kM·m 舵机液压系统图

1—转舵机构　2—驾驶台　3—油箱　4—滤油器　5—油泵　6—远控顺序阀（卸荷阀）　7—单向阀　8—溢流阀
9—单向节流阀　10—蓄能器　11—压力表　12—缓冲器　13—手动三位四通换向阀　14—舵角指示器

该舵机系统设置了蓄能器（又称蓄压器）。常用的是其内充以压缩气体（氮气或干燥空气）的耐压容器。主要功能是储存压力能，缓和冲击或吸收压力脉冲。用与储存压力能时，其容积较大，有效供液容积为系统最大负荷时的需油量与泵供油量之差。系统工作时，它适时地或周期地将液压泵输出的部分或全部液压油储存起来，再适时地或周期性地输送给执行机构，或满足系统高峰负荷的需要，或作为应急能源。显然，装了蓄能器后，可以超液压泵流量供油，因而可不按短时所需的最大输油量，而只需按平均需要的输油量来选择液压泵。这不但减小了泵的功率，降低了费用，而且油箱、启动装置、滤油器和管路的设置均可较小。当船舶突然失电时，蓄能器在系统中还起到应急能源的作用。

(2) 舵机系统的工作原理。船舶航行中，总有一台油泵在运转。当位于驾驶台的手动三位四通换向阀 13 处于中位时，转舵机构 1 的左右油缸内的油液被换向阀锁闭，舵稳定在既定的舵角上，油泵 5 排出的油液向蓄能器充液至油压达 2.45 MPa，油泵卸载运行。

当扳动换向阀手柄进行操舵时，泵和蓄能器就共同经换向阀向一转舵油缸供液，另一转舵油缸则经换向阀回油，使舵偏转或回舵。当舵角指示器显示出舵转要求的舵角时，只要操舵者松开换向阀的手柄，换向阀即回中，切断舵油缸供、回油的油路，舵即停在要求的舵角上。

操舵时，如因操作不当或发生故障，舵转至一舷最大舵角后，油缸的供回油路不能及时隔断，则舵转至 36.5° 时，因柱塞的一端抵在某油缸的末端（由油缸的安装定位保证），使柱塞的移动受阻，舵就被限制在 36.5° 的位置上。此时泵的压力会急剧上升，一旦油路压力达 2.45 MPa，顺序阀 6 开启，油泵卸载运行。

3.1.6 锚缆机械

1. 锚设备的组成部分

船舶在港口停泊时，要克服作用在船体上的水流力、风力和船舶纵倾、横倾时所产生的惯性力，保持船位不变，就需设置锚设备。此外，锚设备还是操纵船舶的辅助设备，如靠离泊码头、系离浮筒、狭窄水道掉头或紧急减刹船速等，都要用到锚设备。

锚设备主要由锚、锚链、止链器和锚机等组成。锚机是用来收放锚和锚链的机械。

2. 电动锚缆机械的结构，工作原理

按原动力的不同，锚机可分为人力锚机、电动锚机和液压锚机。按驱动轴的布置方式，锚机又分为立式锚机和卧式锚机。下面以卧式锚机为例说明锚机的结构和工作原理。

图 3—2 所示为卧式锚机的结构原理图。减速器由蜗杆 4、蜗轮 5 和齿轮 6、齿轮 7 构成，为两级减速。在驱动轴 11 上左右各装有一链轮 3、制动轮 2、牙嵌离合器 8 和绞缆卷筒 1，故该锚机可左、右起锚或左、右绞缆。制动轮和链轮为整体制造，套于驱动轴上，靠牙嵌离合器的离合使其与驱动轴脱开或链接。

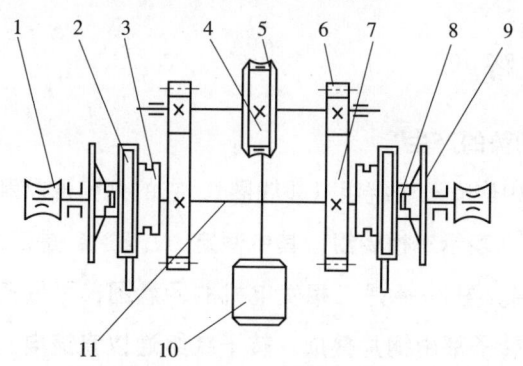

图 3—2　卧式锚机结构图

1—绞缆卷筒　2—制动轮　3—链轮　4—蜗杆　5—蜗轮　6，7—减速齿轮
8—牙嵌离合器　9—手轮　10—电动机　11—驱动轴

除采用轴向牙嵌离合器外，还广泛采用如图 3—3 所示的径向牙嵌离合器。导向套筒 2 用键与驱动轴链接，其一侧开有两个矩形径向槽，离合块 10 置于槽内，并可沿槽作径向滑动。离合块一侧固定有手轮 6 中偏心月牙槽 9 内的销子 3，内端钻有两个径向孔，装以适当预紧的弹簧，在导向套筒相应位置装有弹簧导向杆。制动轮的内缘沿周向加工有均匀分布且宽度与矩形槽相等的径向槽。只要拔出手轮 6 固定于导向套筒某一销孔内的扣钉 5，并启动锚机使驱动轴慢速转动，在弹簧力的作用下，手轮即顺时针转动，离合块会自动嵌入制动轮的径向槽，使离合器合上。

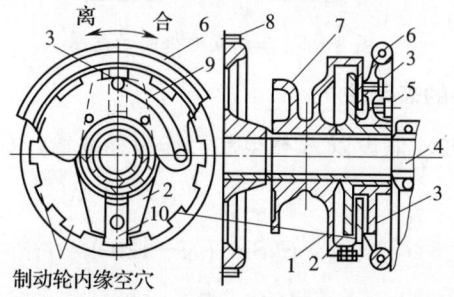

图 3—3　径向牙嵌式离合器

1—制动轮　2—导向套筒　3—销子　4—驱动轴　5—扣钉　6—手轮　7—链轮
8—齿轮　9—偏心月牙槽　10—离合块

反时针转动手轮,离合块则内移而退出导向套筒的径向槽,使离合器脱开。此时应把扣钉插入导向套筒的销孔内。

3.2 船舶电气

3.2.1 交流电路

1. 三相正弦电动势的产生

在定子内圆凹槽中嵌有三个绕组(即线圈),它的几何形状和匝数都一样,分别用 $A-X$、$B-Y$、$C-Z$,表示三相绕组,其中假定 A、B、C 是三个绕组的首端,则 X、Y、Z 便是绕组的末端。图3—4是三相发电机的示意图,可见三相绕组在空间上相互差 $120°$ 位置。定子和转子都由钢片叠成,转子绕组通以直流电,产生磁场,当转子由原动机恒速拖动旋转时,则会在三个绕组中分别产生三个电动势 e_A、e_B、e_C。

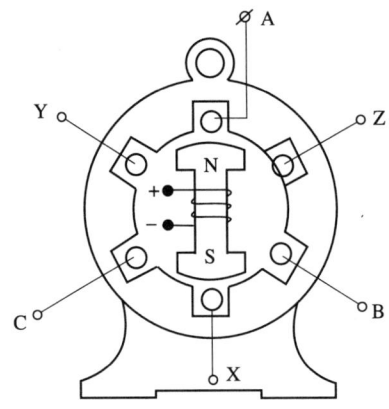

图3—4 三相发电机的示意图

2. 三相正弦电动势的表示法

(1) 三角函数表示法。假设以 A 相电动势作为参数量,那么:

$$e_A = E_m \mathrm{Sin}\omega t$$

$$e_B = E_m \mathrm{Sin}(\omega t - 120°)$$

$$e_C = E_m \mathrm{Sin}(\omega t + 120°)$$

(2) 波形表示法(波形图) 三相电动势的波形图,如图3—5所示。

(3) 相量表示法(相量图) 三相电动势的相量图,如图3—6所示。

(4) 相序。三相电动势中的各相电动势出现某一数值（如正的最大值），由于存在相位差，所以会有个先后次序，这就是三相交流点的相序。图3—5中，设 A 相为第一相，则 B 相就为第二相，C 相则是第三相，它是 $A-B-C-A$ 为相序的，我们称它为正序或顺序；与之相反，如果 $A-C-B-A$ 为相序的，就称之为负序或逆序。一般无特殊声明，则三相交流电的相序是指正序。

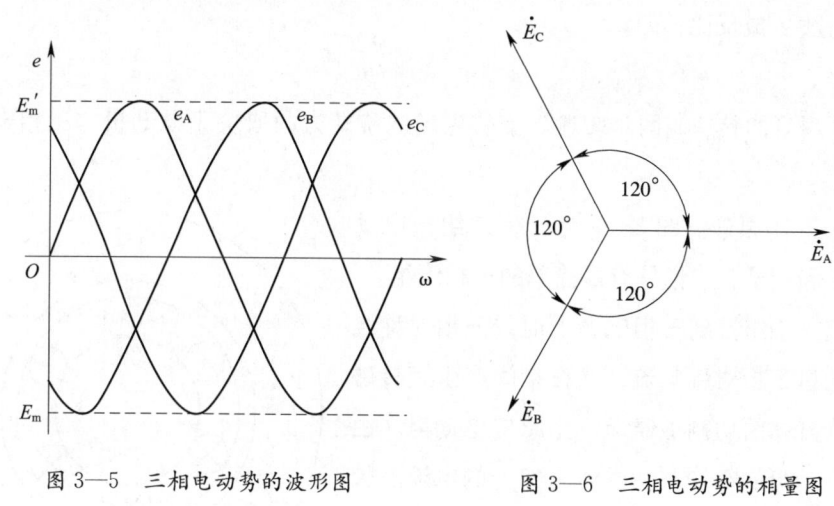

图3—5 三相电动势的波形图　　图3—6 三相电动势的相量图

3.2.2 异步电动机

1. 异步电动机的构造

异步电动机主要由定子和转子两大部分组成。

定子由定子铁芯、定子绕组和机座组成。定子铁芯用硅钢片叠成，定子铁芯安装在机座内。机座用铸铁或铸钢制成。三相异步电动机的定子绕组由3个独立的绕组构成。各绕组的线圈数目相等，均匀对称地分布在定子铁芯槽中。三相异步电动机定子绕组3个首端和3个尾端都接在电动机出线盒的接线柱上。

异步电动机的转子有两种形式：一种是鼠笼式的，另一种是绕线式的。

(1) 鼠笼式的转子结构简单，由转子铁芯和笼形的绕组构成。转子铁芯也是用硅钢片叠压成的。

(2) 绕线式的转子铁芯用硅钢片叠成。铁芯的外沿开有分布均匀的槽，槽内安放转子绕组。

转子绕组接成星形，附加变阻器接成三相星形，其电阻值可以调节，因此可以调节转子电路的电阻。

2. 异步电动机的工作原理

(1) 三相旋转磁场的产生。异步电动机之所以能够旋转,主要是由于旋转磁场的作用。当异步电动机的三相绕组通入三相对称电流时,三相绕组产生合成磁场,该磁场随着时间的推移而旋转,而形成旋转磁场。旋转磁场的转速 n 与电网频率 f 成正比,与磁极对数 p 成反比,即:

$$n=60f/p$$

旋转磁场的转速叫同步转速。旋转磁场的旋转方向取决于电动机与三相电源接线的相序。

(2) 工作原理。图3—7为三相绕组式电动机的定子和转子,它们具有最简单的三相绕组。

当定子绕组接到三相电源上时,三相对称绕组内将通过三相对称电流,并在空间产生旋转磁场。转子异体因切割磁通而产生感应电动势。由于感应电动势的存在,在异体内将产的电流。转子电流与旋转磁场相作用将产生电磁力,其方向可由左手定则决定。作用在转子异体上的电磁力 F 对于转子的轴形成了电磁距 T,其方向与旋转磁场的方向是一致的,因此转子便于旋转。

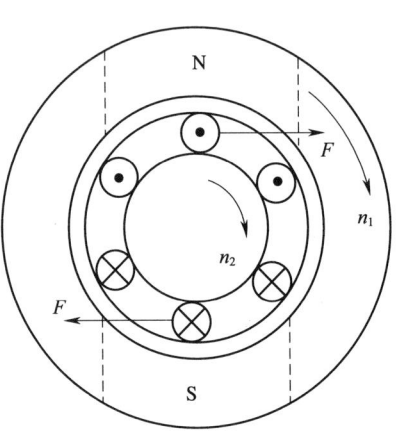

图3—7 三相异步电动机工作原理

转磁场相同的方向旋转起来。

转子的转速将永远小于同步转速 n,这是因为,如果转子转速达到同步转速,则转子与旋转磁场之间就没有相对运动,由此可见,转子转速与同步转速之间的差别是保证转子旋转的主要因素。由于这一原因,这种交流电动机才叫做异步电动机。又因为转子的电流是由电磁感应而产生的,即异步电动机的工作原理的基础是电磁感应现象,所以异步电动机又称为感应电动机。

异步电动机的工作情况和过程为:当转子产生电磁转矩 T 与外力作用在转轴上的反抗转矩 T_c 相等时,转子以等速运转;如 $T>T_c$ 时转子则加速;当 $T<T_c$ 时转子则减。

3. 三相异步电动机常见故障及其处理

表3—10 三相异步电动机的常见故障和处理方法见表3—10。

表 3—10　　　　　　　三相异步电动机的常见故障和处理方法

故障	可能的原因	检查和处理方法
不能启动	电源线路有断开处	检查电源是否有电,熔丝是否断开,电源开关接触是否良好,电动机接线板上的接线头是否松脱
	定子绕组中有断路处	在断开电源的情况下,用万用表检查定子绕组有无断路处
	线绕式转子及其外部电路有短路处	用万用表检查转子绕组及其外部电路,并检查各连接点的接触是否紧密
电源接通后,电动机尚未启动熔丝即烧断	定子电路中接地或短路	接通开关熔丝立即烧断,大多是接地或短路故障,可用兆欧表检查
	熔丝过小	正确选择熔丝的额定电流
	应该做Y连接的电动机错接成△	改正接法
	线绕式电动机的启动变电阻器的手柄放在运行位置	把启动变阻器的手柄旋转至启动位置
空载运行正常加上负载后转速即降低或停转	把应该做△接法的电动机错接成Y	改正接法
	电动机的电压过低	恢复电动机的电压到额定值
	转子铜条有断裂处	取出转子修理
	负载太大	适当减轻负载
电动机运行时有较大的嗡嗡声,且电流超过额定值较多	定子绕组有一相断路	检查电动机的熔丝,是否有一相断开
	定子绕组有短路	断开电源用万用表检查
电动机有不正常的振动和响声	电动机的地基不平	改善电动机的安装情况
	电动机的联轴器松动	停车检查,拧紧螺栓
	轴承磨损松动造成定转子相摩擦	更换轴承
电动机的温度过高	电动机过载	适当减小负载
	电动机通风不好	电动机的风扇是否脱落,通风孔道是否堵塞,电动机附近是否堆放有杂物,影响空气对流、通畅
	电源电压过高或过低	改善电动机的电压
	定子绕组中有短路	可参考上面的处理方法
	电动机单相运行	
	定转子铁芯相擦	
轴承温度过高	皮带过紧或耦合器未安装妥当	适当调整皮带的松紧程度,调节好耦合装置
	滚动轴承的轴承室中严重缺少润滑油	拆下轴承盖,加注润滑油至2/3油室
	油质太差	更换优质的润滑油

3.2.3 同步发电机

1. 同步发电机的构造

按同步发电机定子和转子的结构及作用不同,可分为两种类型,即旋转磁极式和旋转电枢式。船舶电站多采用旋转磁极式同步发电机。同步发电机除主要用作发电机外,还可用作电动机。

交流同步发电机由定子和转子两大部分组成。

(1) 定子构造。定子为电枢的同步发电机,其定子构造和异步发电机的基本相同。定子铁芯是由硅钢片叠成。定子铁心槽内嵌放的三相对称绕组也是依次相差120°空间电角度或$120°/p$(相)空间机械角度。三相绕组又称电枢绕组,在电力发电机上三相绕组基本上都采用星形连接。

(2) 转子构造。旋转磁极式同步发电机转子是直流磁极,产生恒定的磁极主磁通。转子磁极有两种结构形式,即隐极式和凸极式(或称显极式)。船舶柴油发电机多采用凸极式。

各磁极励磁线圈连接后构成同步发电机的直流电路,各励磁线圈之间的连接极性应使得所产生的磁极极性N,S相间。为从外部将直流励磁电流引入旋转的励磁线圈中,须将励磁绕组的两个出线端分别接到固定在转轴上的两个滑环上。两个滑环彼此绝缘并对轴绝缘。通过固定的电刷装置与滑环的滑动接触将直流电流引入励磁绕组中。

有些磁极铁芯顶面圆周槽内还嵌放短路的鼠笼条,称为阻尼绕组。阻尼绕组对暂态过程中可能引起的转子振荡起阻尼作用,有增强同步发电机并联运行的稳定性、抑制柴油机的谐波转矩和加大自整步力矩等的作用,同时它也能提高发电机承担不对称负载的能力。

2. 同步发电机的常见故障及其处理

船用交流同步发电机都带有自动电压调节器(简称调压器),发电机通过调压器达到起压和恒压的目的。运行时,如果供电出现异常,可能是发电机本身的故障,也可能是调压器的故障,因此把发电机和调压器故障及处理一起分析。

发电机和调压器常见故障及处理见表3—11。

表 3—11　　　　　　　　　发电机和调压器常见故障及处理

故障现象	故障原因	处理方法
发电机转速已达到额定值，但不能建立起电压	没有剩磁	用外电源进行充磁
	励磁绕组开路	检查从整流器至励磁绕组的连线是否有松动或断线，励磁绕组本身是否断线
	集电环锈蚀、发黑不导电	用"00"号细砂布打磨集电环
	电刷卡在刷握中或刷辫线断开	检查、修理电刷、刷握及刷辫
	线性电抗器无气隙或气隙太小	调整气隙到适当大小
	调压器整流元件被击穿	检查、更换击穿的整流元件
	接线错误	检查接线，调整接错的地方
	发电机剩磁电压与整流器输出电压极性相反	调换励磁绕组的连接
	电抗器、谐振电容器和相复励变压器之间的连线断开	检查连接，重新接好
	谐振电容器短路	更换电容器
发电机电压低于额定电压	移相电抗器气隙太小	调整增大气隙
	电抗器、整流器及相复励变压器有一相开路	检查三者之间的接线是否有松动或断线，查出后接好紧固
	整点电阻太小	调整整定电阻
	转速太低	提高转速到额定值
	发电机励磁绕组有断路	检查励磁绕组，修复或换新
	电抗器或相复励变压器抽头有变动	检查并校核电压，重新抽头接线
	电压表有误差	校对电压表
发电机电压高于额定电压	移相电抗器气隙太大	按需要调小气隙
	整定电阻的滑动触头烧坏、锈蚀、接触不良，或电阻烧断	检查、修复或更新电阻
	电抗器、相复励变压器抽头变动	按需要调节抽头接线
	电压表有误差	校正电压表
发电机在运行中突然不发电	整流器击穿	检查硅整流器，更换击穿的整流元件
	励磁绕组开路	检查从整流器至励磁绕组的连线是否松动或断线
	电抗器铁芯松动，导致气隙减小	将电抗器气隙调到所要求的数值，并固紧铁芯
	电抗器或相复励变压器线圈短路	检查、修理或换新线圈
	谐振电容器被击穿	更换击穿的电容

续表

故障现象	故障原因	处理方法
当负载增加时，发电机电压大幅度下降	移相电抗器、整流器、相复励变压器有一相开路	检查三者之间连线有否断开
	整流器中有开路	检查整流器及连线，使其接通
	相复励变压器的电流绕组与电压绕组极性不一致	调换电流绕组或电压绕组，使他们两者的极性一致
	原动机的调速器性能不良	检修调速器
	定子铁芯有位移	将铁芯调回原位，固定好
发电机过热	长期过载	观察发电机输出电流及功率，并将其控制在额定值以下
	励磁绕组或定子绕组短路	检查发电机定、转子绕组，并修复短路的绕组
	三相负载不平衡	检查是否有单相大功率负载或电动机单相运转
	定子、转子相擦	检查发电机轴承和转轴、转子铁芯有否松动
轴承过热	轴承磨损严重	更换轴承
	润滑油（脂）太多、太少或变质	检查并处理，润滑油量不得超过轴承室空间的2/3
	发电机端盖或轴承装配不当	重新安装好
	发电机组装配不良	重新找正安装
	转轴弯曲	校正转轴

3.2.4 直流电动机

1. 电动机的维护管理

经常注意异步电动机的运行情况，对于船舶辅机的可靠运行、船舶安全航行有着重要意义。对异步电动机运行的监视和维护主要有如下几个方面。

(1) 电动机运行时温度的监视。任何电动机都有其允许的温升。温升即为电动机的实际温度与环境温度之差。如电动机被测出的温度为95℃，当时环境温度为35℃，则温升为60℃。如果电动机长期过热，会使绝缘破坏，甚至使电动机烧毁，因此在任何情况下电动机的温升不准超过规定的最大允许值。

电动机温度超过允许温升的因素有：负载过大，通风不良，环境温度过高。

中小型电动机可用手来摸，如电动机外壳较烫，已不能忍受，说明绕组的温度已超过允许值。

如要具体温度值，一般采用电阻法测试。

（2）电动机负载电流的监视。注意电动机负载电流不要超过允许值，检测电流来监视电动机的运行情况。

电动机的额定电流注明在铭牌上，此值一般是在环境温度为 40℃ 的情况下设计的。在此温度下运行的电动机电流不允许超过额定值，否则就会使绕组过热而损坏。环境温度高于 40℃ 时，电动机散热条件恶化，应适当降低其额定电流使用。

（3）注意三相定子电流的不平衡。电动机由于三相电压的不平衡，相应的三相定子电流也会不平衡。由于定子绕组三相的阻抗不相等，也会造成电流的不平衡。在正常情况下，如果定子绕组任意一相的电流最大值不超过额定电流时，各相电流不平衡允许达到 5%。例如，额定电流为 100 A，就允许有一相电流不小于 95 A。最严重的三相电流不平衡，就是断相，这种情况使其他两相电流很大，发热严重，甚至将电动机定子绕组烧毁。发生断相运行时，电动机的声音会沉重，发出呜呜声，这时应立即停止运转，检查原因，排除故障。

（4）电网电压的监视。异步电动机的安全运行要求电网电压稳定在一定范围之内。一般电动机，允许电源在增加 6% 及减少 10% 的情况下长期运行，不减少输出功率。例如，电动机的额定电压为 380 V，则允许在 403 V 与 342 V 的范围内长期运行。

使用岸电时，由于其线路电压降一般较高，其电压可能低于 342 V，这时如某台电动机必须使用，还是可以的，但应适当降低负载，把电动机温升限制在允许范围内。否则电动机便会过热而损坏。

（5）注意电动机的通风和清洁。特别是在机舱内进行主机、电动机检修时，一些工具和零件不要放在电动机旁，更不要把清洁工具或清扫出来的棉纱头、电缆头等杂乱东西放在电动机周围。

机舱管路较多，在检修水管时切勿使电动机被水浸湿。

（6）注意电动机的振动、声响和气味。如果电动机振动很大，应仔细检查地脚螺栓或联轴器是否松动。有些振动是由于转子静、动平衡校正不好而引起的，也有绕组短路引起的，应查明原因，消除故障。

正常运转的电动机声音均匀，无杂音和特殊声音。如有较大的"嗡嗡"声，表示电流过大，是由于超负荷或各相电流不平衡所引起的。如果轴承中的钢珠损坏，运转时就有"咕噜……"的声音。如果硅钢片过于松弛（这种情况较少），在定子外壳部分就能听见一种特别的嘶嘶声。如果有不均匀的碰擦声,那就是转子和定子碰擦了。

如果电动机超负荷时间过久,而绕组因过热使绝缘损坏,就可以闻到一种特殊的绝缘漆的焦臭气味。这时应立即停止电动机的运行。

(7) 注意熔丝和启动设备的工作情况。机舱里的电动机基本上都是通过磁力启动器进行直接启动的。

通过磁力启动器直接启动电动机,启动电流较大,因此应经常检查接触器的工作情况。特别是触头接触是否良好,在闭合状态下应相互紧贴,不能有歪扭和变黑(氧化物),在其表面上不该有铜斑。

交流接触器如有较大的嗡嗡声,就说明接触不良,这可能是衔铁和铁锈的接触部分落入污垢等,或紧固衔铁和铁芯上的螺钉松动。当铁芯上的短路损坏时,也会发出较大的噪声,要查明原因,加以处理。

在三相交流接触器之前有三相熔断器,一相熔丝烧断,或一相触头接触不良,都会造成电动机断相运行,这是不允许的。当熔丝烧断,应查明烧断原因,有时因熔丝使用时间较长,或者表面损伤也会引起烧断,这种情况应及时更换熔丝。根据规范要求,容量小于 0.5 kW 以及所有重要用途发动机,均应设有独立的过载保护、短路保护和欠压保护。

2. 直流电动机的故障及其处理

直流电动机的常见故障处理见表 3—12。

表 3—12　　　　　　　直流电动机的常见故障及其处理

故障现象	可能原因	处理方法
电动机电压不能建立	剩磁消失	另用直流电通入并励绕组,产生磁场
	励磁绕组接反	纠正接线
	旋转方向错误	改变旋转方向(按箭头所示方向)
	励磁绕组断路	检查励磁绕组及磁场变阻器之间的连接是否松脱或接错,磁场绕组或变阻器内部是否断路
	电枢短路	检查换向器表面及接头是否有短路处,用毫伏表测试电枢绕组是否短路
	电刷接触不良	检查刷握弹簧是否松弛或改善接触面
	磁场回路电阻过大	检查磁场变阻器和励磁绕组大小,并检查接触是否良好

续表

故障现象	可能原因	处理方法
电动机电压过低	并励磁场绕组部分短路	分别测量每一绕组的电阻，修理或调换电阻特别低的绕组
	转速太低	提高转速至额定值
	电刷不在正常位置	按所刻记号，调整位置
	换向片之间有导电体	清除杂物
	换向极绕组接反	试验换向极极性
	串励磁场绕组接反	正确接线
	过载	减少负载
电动机不能启动	无电源	检查线路是否完好，启动器连接是否正常，熔丝是否熔断
	过载	减小负载
	启动电流太小	检查所用启动器是否合适
	电刷接触不良	检查刷握弹簧是否松弛或改善接触面
	励磁回路断路	检查变阻器及磁场绕组是否断路，更换绕组
电动机转速不正常	电动机转速过高，且有剧烈火花	检查磁场绕组与启动器（或调速器）连接是否良好，是否接错，磁场绕组或调速器内部是否断路
	电刷不在正常位置	按所刻记号调整位置
	电枢及磁场绕组短路	检查是否短路（磁场绕组须每极分别测量电阻）
	串励直流电动机（机载或空载）运转	增加负载
	串励磁场绕组接反	正确接线
	磁场回路电阻过大	检查磁场变阻器和励磁绕组电阻，并检查接触是否良好
其他	机壳漏电	电动机绝缘电阻过低，用 500 V 兆欧表测量绕组对地绝缘电阻，如低于 0.5 MΩ，应加以烘干；出线头碰壳，出线板或绕组某处绝缘损坏需修复；接地装置不良，加以修理
	并励（带有少量串励稳定绕组）电动机启动时反转，启动后又变为正转	串励绕组接反，互换串励绕组两个出线头
	轴承漏油	润滑油（脂）加得太满（正常约为轴承室 2/3 的空间）或所用润滑油（脂）质地不符合要求，需更正；轴承温度过高（轴承如有不正常噪声应取出清洗、检查、换油，如钢珠或钢圈有裂纹应更换）

3.2.5 船舶电网的保护

1. 船舶电网的分类和线制

船舶用电设备根据不同的要求可以由主配电板直接供电或由分配电板间接供电。通常把主配电板到直接供电负载或分配电板之间的电网称为一次网络，而把由分配电板到负载之间的电网称为二次网络。

(1) 船舶电网的分类。根据供电电源的不同，船舶电网可分为以下几种。

1) 主电网。由主电源经主配电板进行供电的那部分电网称为主电网。它包括动力网络和正常照明网络。动力网络向全船动力负载（如电动机等）、大功率电热设备等供电，它是船舶的主要供电网络。正常照明网络由照明变压器经主配电板中照明负载屏向全船的正常照明包括航行灯，小功率电动机等供电。

2) 应急电网。当船舶主电网因故不能供电时，应急电源经应急电板向船上需应急供电的负载供电。由这部分供电电缆构成的网络称为应急电网。

3) 小应急电网。由蓄电池提供给临时应急照明的电网，称为小应急电网。

4) 弱电网。向全船无线电通讯设备，各辅助设备，船内通信设备（如电话、广播等）以及信号报警系统供电的网络称为弱电电网。

(2) 船舶电网的线制。对于船舶三相交流电力系统，其线制一般分为以下 3 种，如图 3—8 所示。

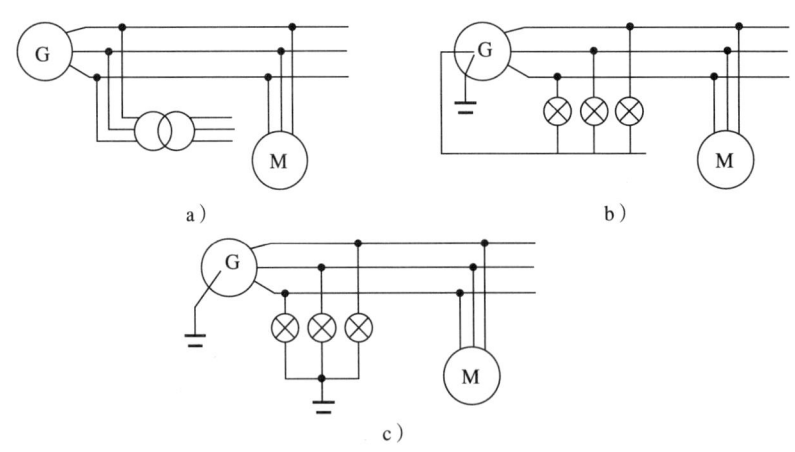

图 3—8 交流电网线制

a) 三相绝缘系统　b) 中性点接地的三相四线系统　c) 中性点接地三线系统

1）三相绝缘系统。三相绝缘电力系统由于动力系统与照明系统采用变压器隔离，两者之间没有电的直接联系。因此，即使照明系统的绝缘电阻降低也不会影响动力系统，且当系统发生单相接地时，不会影响三相电压之间的对称关系，系统仍可短时工作。因此绝缘性能相对较好，安全可靠，一般被大多船舶采用。

2）中性点接地的三相四线系统。对中性点接地的三相四线制系统，其特点是照明和动力系统由同一电源供电，无需采用变压器，发生单相接地时会造成短路从而使故障立即被保护装置断开，故障寻找容易。但这种线制动力系统和照明系统直接接在一起相互影响大，而且照明系统单相接地故障多，容易造成停电而使供电可靠性降低，安全性差。

3）中性点接地三线系统。这种线制利用船体作为中线形成回路，虽然节省电缆，但容易发生触电和短路故障，一般船舶不采用此种线制。

2．船舶电网的短路保护

船舶电网的短路保护就是当电网发生短路时，能自动将短路故障切除，从而保证电网不受破坏。

为避免船舶电网在出现短路故障时造成不必要的大范围停电，对短路保护装置最主要的是必须具有较好的选择性，即：为保证与没有故障电网连接的设备能继续正常工作。当短路故障发生时，仅允许切除有故障的电路，除非短路保护装置失灵，否则其前一级保护装置不应抢先动作。因此，应合理地整定各级自动开关或保护装置的动作值。

(1) 动作值的整定原则

1）按时间原则。以各级保护装置的动作时间整定值的不同来实现选择性。整定的原则是各级开关或保护装置的整定值朝发电机的方向逐级增大。

2）按照电流原则。以各级电流的整定值的不同来实现选择性，动作电流的整定值也应保证自负载向发电机的方向逐渐递增。

(2) 保护装置。通常采用的保护装置有万能式自动空气开关、装置式自动空气开关、熔断器等。万能式自动空气开关具有非常可靠的按时间原则的保护选择性，动作时间可以调节，但由于其重量大、价格昂贵，因此，一般用作发电机的主开关，不便随意大量使用。

对于装有电磁脱扣器的装置式自动空气开关，具有按电流原则进行选择保护的功能，在正常的情况下可做开关用，而在电路出现短路时又可起到保护装置的作用。与万能式自动空气开关相比，其重量轻、价格便宜，因此作为馈电开关大量用于配电板、应急配电板等上面。使用中，如自动跳闸，再合闸时，应先向下扳，再向上推以实现合闸。

熔断器价格低廉、简单、方便、具有反时限的熔断特性，所以它兼有按时间原则和按电流原则保护的选择性，但其误差较大，一般用于电网末级的短路保护。

实际线路中，从发电机至万能式自动开关这段电路较短，故障的可能性不大，因此可不设短路保护。由主配电板至用电设备部分电路可以与用电设备共用一套保护装置，装在出线端。主配电板至分配电板（箱）可采用装置式自动空气开关或熔断器。

通常为了确保短路保护具有较好的选择性，在主配电板的汇流排至各电动机之间的保护级数不宜超过 4 级，至照明电路之间的保护级数不宜超过 5 级。

3. 船舶电网的过载保护

船舶电网多为单侧电源，辐射形线路，导线选择时一般要与用电设备和发电机的容量相匹配。

自发电机至主配电板的那部分电网因为所用电缆的截面积是根据发电机的额定电流选择的，一般情况下，它承受过电流的能力比发电机大，所以可与发电机共用一套保护装置。自主配电板至负载的电路，其导线的截面积是根据用电设备选择的，因此，电路的过载即是用电设备的过载，可由用电设备的过载保护装置来实现保护。主配电板与分配电板之间的电缆是根据与分配电板相连的所有用电设备的总电流确定的，除非该部分电网的所有用电设备都同时过载，否则电缆是不太可能过载的。因此，一般也不需要考虑过载问题。但是，为了进一步提高电网的可靠性，主配电板与分配电板之间可由装置式自动空气开关做过载保护装置。

综上所述，船舶电网一般不单独设置过载保护装置，但这并不是说电网不过载，而是电网过载时由电网上其他设备的保护装置实现保护。需要说明的是，对于舵机供电线路，不论舵机本身还是线路均不设过载保护装置。

3.2.6 安全用电

1. 触电原因及防护措施

(1) 触电原因。由于船上工作环境的特殊性，一般来说，普通陆用电气设备不能直接用于船上。为了保证船舶的航行安全，各国船级社对船用电气设备的技术条件和监督检测标准都有明确规定。某些重要电气设备的设置和安装要符合《国际海上人命安全公约》的规定。

触电的原因是由于缺乏安全用电常识或对电气设备的使用管理不当。在客观上电气设备的绝缘损坏使不带电的物体带电，是发生触电的最大隐患；而环境条件对造成触电事故有着重要影响。人体任何两点直接触及（或通过导电介质连通）不同电位的带电体都可能发生触电事故。钢质船舶的整个建筑是一个良导体，且空间狭窄、设备密布，人体经常触碰到电气设备的金属壳体或构架。加之高温、潮湿等恶劣环境条件，容易造成绝缘损坏，或安全地因腐蚀或锈蚀而失去保护作用等。因此，船舶属于触电危险场所。

（2）防护措施

1）经常检查、维护电气设备的绝缘和壳体的安全接地，以消除触电隐患。

2）禁止带电检修设备，特殊情况下须使用绝缘合格的工具和护具进行带电操作。

3）必须按照操作规程及正确的操作方法对电气设备进行操作。

4）非安全电压便携式电气设备及其电缆、插头等的绝缘容易损坏，安全接地芯线容易折断而不易察觉，使用前必须仔细检查。

5）如电气设备发生火灾时，不能直接用消防水龙头灭火，以避免触电。对电气设备最好用惰性气体（二氧化碳）灭火器灭火，既避免触电或产生有毒气体，又对电气设备无有害的腐蚀作用。

2. **电气防火防爆常识**

（1）危险区的电气设备。运载石油及石油产品的船舶上有相当广泛的区域或处所存在易燃易爆的蒸汽或气体，经常积聚这些气体的区域或处所称为危险区，如货油舱及毗邻的舱室空间、货油舱口、洗舱口、气口、观测口周围、货油泵舱、输油软管存放舱，以及所有上述舱室顶部甲板上封闭或半封闭空间等区域。在装卸油、装排压载水清除空货油舱气体时，可能出现大量易燃易爆气体的区域或处所，称为扩大的危险区，如全部露天甲板、上层建筑上面和后面及有开口直接开向主甲板的区域或处所等。

任何危险区域或处所，必须设置或安装的电气设备有如下的基本规定。

1）货油船只准安装或使用本质安全型电气设备。

2）其他危险区域或扩大的危险处所，应使用本质安全型或合格防爆结构的电气

设备。

3）危险区域或处所禁止装设插座。露天安全区域的插座为了避免操作时产生火花，要用具有开关连锁的插锁，即开关在断开位置时插头可以插入或拔出，当在接通电源的位置时，则既不能插入也不能拔出。

4）危险处所电气设备的开关和保护装置应设在安全区域或处所，并有清晰耐久的标志，以便于识别。

5）油船严禁悬挂彩灯。

上述规定也基本适用于滚装船装载车辆的货舱或处所的电气设备。

对于防爆电气设备应注意检查和维护防爆的有效性。当拆装隔爆型电气设备的壳罩时，应注意法兰连续隔爆面的清洁，隔爆面不准放入任何衬垫，接连螺栓应齐全。检查和维护引入电缆管的气密填料的有效性，检查电缆管有无裂纹、锈蚀孔洞等，以确保其防爆功能。

(2) 船上工作操作安全要求。燃烧和爆炸需同时具备三个基本条件：1）有可燃性气体；2）有空气或氧气；3）有火源或危险温度。据此可采取相应的措施，使这三个条件不同时存在，则危险区将不发生危险。但是，任何粗心大意、管理不善、措施不当、违反操作规程等，都可能造成燃烧或爆炸的条件，燃烧和爆炸是同一化学反应，当空气中所含可燃气体达到一定的浓度比例时，由于氧化反应的传播速度极快，则燃烧将变成爆炸。爆炸和燃烧都产生大量的光和热，但爆炸还伴随由于气体急剧膨胀而发出的巨大声响。

为防止货油舱形成燃烧和爆炸的条件，操作安全要求为：在卸油、排压载水或洗舱前，都要向舱内充入惰性气体。此外，无论是舱内装有货油或压载水，在航行期间也要向舱内补充惰性气体，以使其含氧量极低。这种惰性气体通常是将锅炉或主机的排烟经洗涤、净化、干燥等处理后而得，或由专用惰性气体产生设备提供。

其他危险区域或处所混合气体的浓度虽然难以人为控制，但是火源和危险温度是可以加以管制、限制和控制的。严格管制和限制任何人为的明火或金属碰擦等发出火花；严格防护或限制电气设备产生的或可能产生的火花和高温。电气系统中的各种触电，包括正常开闭的触电，也包括故障触电（如绝缘的短路点、线路破断点、松脱的连接点等），都能产生或可能产生火花。电气设备中有正常高温元件，如电灯等；也有非正常高温，如接触不良的大电流连接点等。因此，原则上在危险区域不准安装电气设备。在危险区必须使用的电气设备应是合格的防爆型结构，或者采用安全火花型或本质安全型的电路或设备。

本质安全型电路或设备在正常或故障情况下，所产生的火花能量不足以点燃可燃性气体。

点燃可燃性气体需要一定的火花能量和足够的瞬时火花功率。在一定的能量下，空间集中、时间集中的尖端火花放电，其瞬时功率最大，最易点燃。本质安全电路或设备都是用来进行测量、监视、控制、通信等的弱电电路，没有高压和大电流，电路与其电源间有短路隔离保护等措施，多为无触点的半导体器件，因此不会发生大的火花能量和火花功率。例如，监视和检测货油舱的油温、油位、惰性气体含氧浓度等的电路或设备均为本质安全型。

不论是固体、液体或气体，任何两种不同物质的摩擦、紧密接触、分离、受压、受热或感应都能产生正负电荷分离的静电现象。液体的流动、过滤、搅拌、喷雾、飞溅、冲刷、灌注、剧烈晃动等过程，都可能产生十分危险的静电。为避免货油舱内静电火花引起爆炸，除前述的充入惰性气体外，在技术上应对货油注入的流速、洗舱水压力和流速等都有严格的限制和规定，以减少静电的产生。货油管路应连续间隔地可靠接地，法兰连接的管段之间也要用金属导线可靠地连接，以便及时泄放静电，因为静电积累电压过高会在突出部分产生火花放电。

人体和衣着也会产生危险的静电。穿脱毛料与合成纤维衣物时，由于摩擦和接触分离所产生的静电电压可高达数千伏至数万伏，足以引燃周围爆炸气体。人体是静电的良导体，人体处于带电的静电空间因感应而成为一个孤立的带电等位体，人体与地或与周围物体之间达到一定的电位差时就会产生放电。因此，在静电危险场所的工作人员应穿导电好的服装和鞋袜。在货油舱甲板上禁止穿脱衣物。由生活居住区入油货舱区前，手应触摸专设的用来消除静电的金属板，以防止人体带静电进入危险区。

船上工作人员，只有了解上述各种威胁船舶安全的可能因素，才能有针对性地对船舶电气设备及系统进行检查、检测和维护，遵守操作规程和安全要求，防患于未然。

第 4 章

船舶设备管理

4.1 船舶管路系统管理

4.2 船舶燃、润料管理

4.3 船舶动力装置的技术管理（柴油机的应急处理）

4.1 船舶管路系统管理

4.1.1 熟悉管路系统资料

船舶管路系统资料反映本船管路系统设计和施工布置的情况,说明了管路的走向和管路中附件的情况及所在位置,是轮机人员必须掌握的资料之一。不掌握管路情况,在管理上必然会因开错阀、关错阀而引起事故或造成机损。因此,熟悉并掌握管路系统资料是搞好管路系统管理的基础。

4.1.2 管路系统日常维护

1. 操作管理

各系统在使用之前必须检查下列项目。

(1) 检查或试验所有管路畅通情况。管路附件工作状态是否正常,各阀门开关是否正确。

(2) 管路连接部位可靠性与密封性,不得有泄漏现象。

(3) 排除气体管路中的水分,液体管路中的空气。

(4) 检查管子与传动装置及机械设备连接的紧固情况。

2. 日常情况

(1) 保持管路外表和内部清洁。

(2) 注意管路接头处情况,发现泄漏及时排除。

(3) 对润滑部位经常加注润滑油（脂）。

(4) 定时清洗滤器。

(5) 注意管路支架、固紧装置的牢固性，防止松动造成事故。

3. 工作结束后的管理

(1) 寒冷天气注意及时放掉有关管路附件中的积水，防止管子冻裂。

(2) 拆卸或维修管路时，谨防杂物落入管内。

(3) 对于重要管系，在拆检、换新完毕后要进行水压试验，或用其他方法检查其密封情况。

(4) 定期清除管路上的铁锈，并涂上防锈漆。

4.2 船舶燃、润料管理

4.2.1 燃油管理

1. 燃油的主要性能指标

内河船舶所用燃油基本上有三种：轻柴油、重柴油和重油（燃料油）。燃油种类不同，其理化性能指标也不相同，对燃油系统及其维护管理工作的要求不同。这些性能指标从不同方面反映了燃油的品质。根据其对柴油机工作的影响，这些指标大致可分为三类：影响燃油燃烧性能的指标有十六烷值、馏程、黏度和热值；影响燃烧产物成分的指标有硫分、灰分、残碳质和沥青分、钒和钠的含量；影响燃油系统管理工作的指标有闪点、密度、凝点、浊点、倾点、机械杂质、水分等。

(1) 十六烷值。十六烷值是评定燃油自燃性能的指标。在标准四冲程柴油机上，将所试柴油的自燃性同正十六烷与 α—甲基萘（十六烷值为零）混合液相比较，当两者相同时，混合液中的正十六烷的容积百分数，即为所试燃料的十六烷值。十六烷值越高，燃油的自燃性能越好。

对燃油十六烷值的要求要适当。十六烷值过高，燃油容易发生高温裂化而生成游离炭，使柴油机排气冒黑烟，并使燃油费用增加；十六烷值过低，会使燃烧粗暴，不易启动，低负荷运转性能不好。高速柴油机由于燃烧过程时间极短，对燃油的自燃性能要求较高，所用燃油的十六烷值在 40～60 之间；中、低速柴油机燃烧时间较高速柴油机长，其十六烷值分别为 35～50、25～35 之间。在实际中，一般燃油都能满足中、低速柴油机燃烧的要求。特别是低速柴油机，在直接使用船用燃料油燃烧过程中不会有特殊困难。因此，除轻柴油外，重柴油、燃料油在燃油规格中均不对十六烷值作出规定。

（2）馏程。馏程表示在某一温度下所能蒸发掉的百分数，它是燃油的蒸发性指标。轻馏分（250℃以下）蒸发快，容易与空气混合和发火，但轻馏分过多时将使柴油机工作粗暴；重馏分（350℃以上）蒸发慢，易使燃烧不完全而产生积炭。品质好的燃油应是轻馏分和重馏分都很少，而在250～350℃之间的中馏分最多，且馏分组成的温度范围较窄为好。

（3）黏度。黏度是表示燃油自身流动时的内阻力，它是燃油最重要的特性之一。黏度过大使雾化恶化，燃烧不良，流动和过滤困难；黏度过小，则会引起喷油泵柱塞偶件及喷油器针阀偶件因润滑不良而加剧磨损。

燃油的黏度受其温度和压力的影响。当压力升高则黏度增大；温度升高则黏度降低。

（4）热值。1 kg燃油完全燃烧时所放出的热量称为燃油的热值或发热值，其国际单位是kJ/kg。不计入燃烧产物中水蒸气的气化潜热的热值称为低热值，用"H_u"表示。

（5）硫分。硫分是指燃油中所含硫的质量百分数。燃油中含的硫是以硫化物的形式存在，其危害有四：其一，液态的硫化物（如硫化氢等）对燃油系统的管道、容器及喷射设备产生腐蚀；其二，硫的燃烧产物SO_3和水蒸气（H_2O）在缸壁温度低于其露点时，会产生硫酸附着在缸壁表面产生强烈的腐蚀作用，由于这种腐蚀只发生在低温条件下，故称为低温腐蚀；其三，燃烧产物SO_3能加速碳氢化合物聚合而结炭，而且此结炭很硬，不易除去；其四，燃烧后产生的SO_2是柴油机排放的主要有害成分。

（6）灰分。灰分为在规定的条件下燃油完全燃烧剩余物的质量百分数。灰分中含有各种金属氧化物，易使燃烧室部件发生高温腐蚀和腐料磨损。

（7）残炭值和沥青分。残炭值是指燃油在规定试验条件下加热干馏最后剩下的残留焦炭占试验质量的百分数。它表示燃油在燃烧过程中形成炭渣的倾向。气缸内结炭使热阻增大，引起过热的磨损，严重时造成柴油机部件损坏。

沥青分表示沥青占燃油质量的百分数。沥青很难燃烧，致使排气冒黑烟，易于在气缸中形成坚硬的炭垢及在喷油器喷孔处产生喇叭状积炭，使雾化变差。同时在正常分油温度下，沥青悬浮于油中不易分离。

（8）钒、钠含量。钒、钠含量是指燃油中所含钒、钠等轻金属其质量的百万分数，用mg/L表示。钒、钠燃烧后生成低熔点的化合物。如缸壁和排气阀温度高于它们的熔点时，就会受到它们的腐蚀而损坏。这一腐蚀发生在高温区域，故称为高温腐蚀。

(9) 闪点。燃油蒸汽与空气混合气同火焰接触而闪火的最低温度称为燃油的闪点。它是衡量燃油的挥发成分引起爆炸或火灾危险性的指标。闪点按测量器具和方法不同分为开口闪点和闭口闪点。开口闪点高于闭口闪点，常用的是闭口闪点。船用燃油闪点应不低于65℃，重质燃油闪点高于轻质燃油。倾倒燃油或敞开燃油容器应在低于其闪点17℃的环境温度下进行，以确保安全、防火、防爆。

(10) 密度。密度是20℃时的燃油质量与4℃时同体积水的质量之比。密度对燃油的管理有很大意义。根据密度和油舱容积为基准，更换不同密度的燃油时，应适当调整油泵的油量调节机构。

(11) 凝点和浊点。燃油冷却到停止流动时的最高温度称为凝点。燃油在标准条件下冷却至开始呈现浑浊时的温度称为浊点。一般燃油的浊点高于凝点8.5℃。当燃油的温度低于浊点时，从燃油中分析出的石蜡结晶将使滤器堵塞，供油中断。从使用的角度看，浊点比凝点重要。燃油的浊点至少应比使用温度低3～5℃。

(12) 机械杂质和水分。燃油中所含不溶于汽油或苯的固体颗粒或沉淀物的质量百分数称为机械杂质。燃油中的机械杂质不能燃烧，容易造成供油管路、滤器和喷油器喷孔堵塞，并使喷油泵和喷油器产生严重磨损。

燃油中的水分以容积百分数表示。水分会降低燃油的热值，并容易破坏正常的发火。

2. **燃油的加装**

(1) 装油前的准备工作。装油前主管轮机员应对各油舱（柜）存油进行测量，将存油尽量并舱，确定此次装油的油舱（柜）和数量，同时应避免新旧燃油混装而引起沉淀。准备好管系，正确开妥有关阀门，对不同的装油接头应检查是否封死。事先准备好木屑和接油桶。通知驾驶部人员将甲板疏水孔堵死，关好通海阀，以防止溢油流出舷外污染水域。

(2) 装油过程中的注意事项。装油船来后，主管轮机员应前去核实油种和数量，以免误装；并与供油方商定供油速度和联络信号，以船方为主，双方切实执行以免发生跑油事故。

起泵后，应有专人值班，做到勤测算，及时调换舱位。换油柜时要先开后关阀门，防止油管破裂。要根据加油速度估算加油量，如发现油位上升过慢等异常情况，应立即通知停止供油，待查明原因后才能继续加油，严防跑油和错装。油舱不能装得太满，不超过95%，以防溢油。

加油期间严禁明火作业,并严禁在现场吸烟以防火灾。

(3) 装油后的工作及注意事项。停止装油后,应关闭有关阀门。拆卸输油软管前要事先用盲板将管口封住,以防管内存油流入海中。

要重新测算各舱(柜)实际油量,核对加油数量。配合驾驶部进行调驳工作,以调整船舶吃水和浮态。

索取油样,油样应具有代表性,应双方在场时取样,取妥后当场铅封,双方各留一瓶,以备有问题时交有关单位化验,进行交涉索赔。封妥的油样应妥善保存至该批油品全部用完为止。

3. 燃油的使用与管理

(1) 防止燃油不稳定、不相容。当两种燃油出现不稳定、不相容时,就会产生沥青质沉淀,有黑灰色或棕色胶状物析出,形成淤渣。这些淤渣容易堵塞油泵滤器管系、分油机、加热器、磨耗机器,具体做法如下。

1) 分开储存不同来源燃油,加油前应尽量把前期余下的燃油集中在一个舱中存放,切勿将两种油加入同一油舱中。

2) 注意不要将硫分不同、黏度不同的直馏燃油和催化裂化燃油混放在一起。

3) 新加油要先试用,了解其性能,早发现问题,早解决问题,缩短危害时间(加强净化)。

4) 加油时要索取加油时的供油温度。油品密度要依据供油实际温度进行修正。

(2) 加强净化设备的管理使用。根据燃油的质量、密度、比重、黏度、杂质情况,做好燃油的沉淀、分离、过滤等净化环节的工作,定期对沉淀柜和日用油柜进行排污、放水,保证油柜清洁,定期清洗过滤器。使用分油机时,应选择相应的比重环,净化所需要的温度以及分油机加热器结构件的完整性和清洁度。

(3) 做好燃油系统的充油驱气。燃油系统如有空气会引起供油压力波动,甚至无法供油而自动停车。系统的积气通常聚集在系统的最高处,空气大部分是在清洗滤器和维修管路时进入系统中的,也可能是在停机后由喷油泵偶件的缝隙进入系统。因此,长期停车再启动前、清洗完滤器和管路之后,都应注意充油驱气。

4.2.2 润滑油管理

1. 润滑油主要性能指标

润滑油的性能指标主要有黏度、黏度指数、闪点、凝点、残炭、灰分、酸值(总酸值与强酸值)、腐蚀度、抗氧化安定性、热氧化安定性、总碱值、抗乳化度、机械杂质、水分等十余种。这些指标均按国家规定的试验方法进行测定。它们基本上反映出润滑油品质的优劣，在选择和使用润滑油时有着重要作用。上述指标中有些与燃油性能指标相同，以下仅介绍润滑油特有的一些指标。

(1) 黏度和黏度指数。黏度是润滑油最重要的指标。它在很大程度上决定着两个摩擦表面锲形油膜的形成。润滑油的黏度随温度的升高而降低，这种性能称润滑油的黏温特性。船舶航行在不同季节和不同纬度时，柴油机在冷车启动和正常运转时，润滑油的工作温度会不同，其黏度的大小也不相同，这对保证可靠的润滑影响很大。因而仅以测定温度下的黏度来判断润滑油的品质是不够的，还必须注意黏度随温度的变化规律。黏温特性常用黏度指数（Ⅵ）来说明，黏度指数越大，说明该油品温度变化时其黏度变化越小。

(2) 酸值、水溶性酸或碱。酸值表示润滑油中的有机酸含量，水溶性酸或碱表示无机酸或强碱的有无。酸值用中和 1 g 润滑油中的酸所需要的氢氧化钾毫克数来表示，单位为 mgKOH/g。水溶性酸指能溶于水的无机酸（强酸）及低分子有机酸，这种酸几乎对所有金属都有腐蚀作用；水溶性碱指在油品加工时碱洗剩余物或储存中因污染而生成的碱，它对铅有腐蚀作用。水溶性酸或碱只说明油品呈酸性或碱性，仅用于定性检查。

(3) 抗乳化度。海水或淡水漏入润滑油经搅拌后使润滑油形成乳浊液并生成泡沫，这个过程叫乳化。乳浊液影响润滑性能，加速润滑油变质，并在两相界面上吸附机械杂质，污损摩擦表面，加剧部件磨损。润滑油的抗乳化度是指润滑油在乳化后自动分层（油层和水层）所需要的时间（min），即润滑油的破乳化时间。破乳化时间短，抗乳化度就好；反之则差。

(4) 热氧化安定性和抗氧化安定性。这两个指标都用来衡量润滑油在使用条件下抵抗空气氧化的能力。只是实验方法和应用对象不同。前者，属于薄油层在高温条件下氧化实验，用氧化形成漆膜所需时间（min）来表示。我国标准规定使用巴包克法，是指在规定的高温 250℃条件下，空气自由流过薄油层试验油，规定试验油由氧化而生成 50% 的漆状物所需时间（min），用此时间来评定实验油的热氧化安定性。这种实验方法模拟气缸壁上的油膜工作条件，适用于柴油机润滑油。抗氧化安定性属于较低温度条件下的厚油层氧化试验，用氧化后生产的沉淀物酸值来表示。按我国规定是指在 125℃ 条件下，向试验油中通入一定流速的空气或纯氧 4 h 或 8 h，分别测试油氧化后产生的沉淀物（%）和酸值（mgKOH/g）。如氧化后沉淀物少，酸值小，则测试油的抗氧化安定性好。这种试验方法模拟液压系统中润滑油的工作条件，故用于液压油、透平油等品种。

(5) 腐蚀度。用来衡量高温条件下工作的润滑油与氧气充分接触时，对金属（铅）的腐蚀程度。它是柴油机润滑油的一个重要指标。现代柴油机的铜、铅等合金轴承材料对腐蚀十分敏感，只要润滑油中有少量酸就能严重腐蚀轴承。我国标准规定腐蚀度试验用"品克维奇法"，即把测试油加热到140℃，用特制的一定面积的金属片以15～16 次/min 的速度交替浸在油中和露置在空气中，经过 50 h 后，测定金属片每平方米减少的重量（g/m^2）。金属片减少重量越大，润滑油的腐蚀性越强，品质越差。

(6) 总碱值。总碱值表示润滑油碱性的高低。它的单位和酸值相同，也用 mgKOH/g 表示，但意义不同。

总碱值表示 1 g 油中所含碱性物质相当于氢氧化钾的毫克数。天然矿物油本身无碱性，只有加入碱性添加剂后才呈现碱性。在使用过程中，由于添加剂的损耗，总碱值会逐渐降低。

(7) 浮游性。浮游性表示含添加剂润滑油清洗零件表面胶质炭渣，使之分散为小颗粒而悬浮携带的能力。

通常用专用试验机在规定条件下进行一定时间的试验，然后根据活塞的漆膜情况，按 0～6 七个级别进行评定。0 级为活塞非常清洁，没有漆膜形成；6 级为严重脏污，活塞完全被漆膜覆盖。

(8) 抗泡沫性。抗泡沫性表示在规定试验仪器内以专用泡沫头并通入一定数量的空气，测量试验油的起泡沫体积和消泡沫时间。润滑油在机器运转时受激烈搅动，使空气混入油中形成泡沫，泡沫过多除损失润滑油外，还会使油泵和轴承引起空泡沫腐蚀，润滑效能降低，造成轴承烧毁。

2. 润滑油变质的原因与危害

曲轴箱在循环使用中其性质不可避免地发生变化。当它变化到不能满足使用要求时需进行处理与更换。在正常使用条件下，润滑油变质速度较慢，如管理不当、操作失误或长期工作不良，润滑油变质速度就会加快。

(1) 润滑油变质的原因。润滑油变质的原因虽然很多，但主要有混入外来物和润滑油本身氧化两类。

1) 混入外来物。混入外来物主要有淡水和海水，灰尘、各种金属磨屑、焊渣等硬质颗粒，油漆、石棉、棉纱等软质杂物，燃油和气缸中的燃烧产物等。

①海水、淡水混入会使润滑油乳化，破坏其润滑性能，腐蚀金属表面，加速部件磨损，同时还能加速润滑油的氧化，使润滑油过早变质。

②燃油漏入会改变润滑油的黏度和降低闪点。一方面使润滑油难以形成油膜，另一方面使曲轴箱内存积大量油气，易引起曲轴箱爆炸。

③燃烧产物漏入润滑油中将使润滑油的酸值和炭渣增加，燃烧产物中的硫酸与润滑油反应生成含硫和氧的固体沉淀物，加速润滑油的变质。这一现象在筒状活塞式柴油机中尤为明显。

2）本身氧化。润滑油在使用条件下与空气接触将逐渐氧化而生成有机酸、酚、酯类及多种不溶于油的沉积物，导致润滑油的变质。此时润滑油的颜色变深暗，总酸值增加，黏度和密度增加。润滑油在正常工作温度（不超过 65℃）下，氧化并不明显。但下列三项因素将加快氧化过程。

①工作温度过高。如活塞环密封不良、润滑油被燃气加热，温度升高。又如轴承因某种原因发生过热，也会使油温升高。

②空气进入润滑油。当氧浓度（气压）高时，润滑油氧化加快。润滑油与空气接触表面积大，润滑油氧化也加快。柴油机的平均有效压力越高，润滑油工作时所受的压力就越大，油中的气泡所受压力也越大，则润滑油的抗氧化性能应该更好。

③催化剂作用。如果油内有氢氧化催化剂存在，氧化将加快。铜的磨损微粒催化作用特别强，铁的磨损微粒和铁锈也是很活泼的催化剂，铅有时也有很强的催化作用。此外，油本身的酯、胶质等氧化产物也有加快氧化的作用。因此，应持续不断地将淤积物（油泥）分离出去。

(2) 润滑油变质的危害。润滑油变质后，易在柴油机部件表面生成积炭、漆膜、油泥，使柴油机易产生爆震，造成材料局部过热、烧熔、黏环、活塞过热卡死等故障。

润滑油变质后，由于润滑油中酸性物质和不溶性物质增加，润滑性能变坏，造成磨损和腐蚀加剧。润滑油变质后，会使润滑油的黏温性和冷态启动性能变差，甚至造成破坏性故障。

3．润滑油的检查方法

为了能及时掌握润滑油变质规律以便相应采取有效的措施，需对曲轴箱润滑油进行定期检验。通常，有以下几种方法。

(1) 经验法。根据轮机人员的使用经验，通过对曲轴箱油的直观检查，如油膜（黏性）、嗅（气味）、看（颜色）以及检查润滑油分油机中的沉积油泥，观察溅在曲轴箱壁面上的润滑油颜色、活塞冷却腔内的积炭等，可大致定性判断润滑油的变质情况。

(2) 油渍试验法。这种方法把待检润滑油滴在特殊试纸上，待该油滴干燥后，根据其扩散状况和颜色的变化与提供的标准图像（或新油的扩散和颜色）比较，可大致判断润滑油的变质情况。

如油渍中心黑点较小、颜色较浅，四周黄色油渍较大，则表明润滑油仍可使用；如黑点较大，且黑褐色均匀无颗粒，则表示润滑油已变质。

(3) 化验法。化验法可对润滑油进行定量分析。根据使用要求可分为船上简易化验和实验室化验两种。

船上简易化验可在船舶现场进行化验。所使用的化验设备均由油品供应商提供。应根据其规定的方法进行化验，可得到诸如黏度、水分、盐分、总碱值、不溶于物等性能指标的数值。从而可较准确地及时判断润滑油的变质情况。

实验室化验应由轮机人员在船舶上取出油样，送交陆地试验室（通常为油品供应商）进行定量化验分析，轮机员可根据化验分析单进行综合分析并决定处理措施。通常，化验分析单上已有对润滑油的分析结论及相应的处理措施。

曲轴箱油应在使用中每隔 3～4 个月取油样化验一次。所取油样应有代表性，一般应在润滑油分油机前取样，而且最好在进港前运转中取样。取样时应使用专用取样瓶并放掉二倍于取样旋塞管路中的存油，以消除旋塞管路中的杂质。取样瓶应加以密封并注明使用累计小时等项目参数。取样时，要做记录，记下取出试样的年月日、油样取处和时间、柴油机的功率和转速、润滑油压力和温度、润滑油品种、牌号，从更换新油到取样时柴油机的运转时间，所用的燃油以及轴承的腐蚀和磨损等情况。经过长期而反复地工作，就可以找出润滑油变质的规律，从而正确地确定润滑油的使用期限。

目前，化验项目及各指标允许限值还没有统一标准，一般多由各油公司拟定。化验项目和允许各指标变化限值大致如下。

1) 黏度。使用中的润滑油黏度可能降低（混入柴油）或增高（混入重油或自身氧化）。一般认为，润滑油黏度变化不得超过初始值的 20%。

2) 总酸值。润滑油自身氧化和燃烧产物中的酸性产物漏入会使总酸值增高。总酸值的变化速度比其绝对值更为重要，因为它可以说明润滑油是否有迅速恶化及产生沉淀物和变黑的倾向。总酸值有一个缓变时期，缓变后期总酸值可能增加很快。通常，如总酸值变化迅速增高，则此值不允许超过 2.5 mgKOH/g，如总酸值变化缓慢，则可允许达到 4 mgKOH/g，但如出现强酸值，则只允许总酸值达到 2.5 mgKOH/g。

3) 强酸值。燃烧产物中的酸性物质漏入造成强酸值增加。正常使用的润滑油不允许出现强酸值，如出现强酸值，应引起足够重视，立即查明原因，采取有效措施（如水洗等）。

4) 总碱值。润滑油在使用中，随着碱性添加剂的消耗，总碱值逐渐减小。不允许总碱值为零或出现强酸值。

5）水分。润滑油中的水分是由冷却系统泄漏所致。当水分超过 0.5% 时，应查明原因，同时用润滑油分油机予以处理。

6）盐分。海水漏入润滑油会出现盐分，盐分具有腐蚀作用。应查明原因，采取处理措施。水洗可排盐分，但应考虑润滑油中添加剂是否溶于水。

7）沉积不溶物。不溶物含量是表示润滑油被杂质污染和润滑油本身氧化程度的指标。润滑油中的沉积不溶物包括燃烧产物、磨屑、铁锈、氧化物等，这些污染物会使润滑油黏度增加并生成泥渣。

使用纯矿物润滑油并具有连续分离净化设备的十字头式柴油机，沉积不溶物一般不超过 0.5%，如超过 1% 说明润滑油污染严重。使用添加剂润滑油的筒状活塞式柴油机，其润滑油的沉积不溶物允许高达 3%，因为此种润滑油具有悬浮携带固体微粒的能力。

8）闪点。燃油漏入降低润滑油闪点。一般，当闪点降低 40℃ 或更多时，应查明原因。

在分析以上化验指标时，应综合分析各指标变化，不应只强调某一指标的变化。

4.3 船舶动力装置的技术管理（柴油机的应急处理）

船舶经常在复杂的环境和恶劣的气候下航行，柴油机一旦运行失常，使船舶失去控制将会造成十分严重的后果。轮机管理人员除了应能对运行中的柴油机进行正确的管理以及维修保养之外，还需在紧急事故突发之际能正确地进行相应的应急处理，使之在最短时间内恢复运转以保证船舶航行安全。下面介绍几种常见故障的应急处理。

4.3.1 柴油机敲缸现象及应急处理

1. 敲缸

柴油机在运行中产生有规律性的不正常异音或敲击声，这种现象称为敲缸。

敲缸常分为燃烧敲缸和机械敲缸。由于燃烧方面的原因在上止点发生尖锐的金属敲击声称为燃烧敲缸或热敲缸。在发生燃烧敲缸现象时，如继续运行，则发动机的最高燃烧压力异常地增高，各部件的机械应力增大，在冲击力的作用下，运动部件会过快地磨损，并可能损坏。因运动部件或轴承间隙不正常所引起的钝重的敲击声或摩擦声，其特征是发生在活塞的上下止点部位或超过下止点时，这种现象称为机械敲缸或冷敲缸。

区别燃烧敲缸和机械敲缸的方法是：如果是燃烧敲缸，则采取降速或切断该缸供油时，敲击声音即应消除；如敲击声不能消除，则可能是机械敲缸所造成，可用听诊棒检查敲击声发生的部位。

2. 敲缸时的应急处理

首先采取降速运行的措施，避免部件损坏。如判定是燃烧敲缸，再停车进行如下检查和调整。

（1）对喷油器进行试压和调整，必要时予以换新。

（2）检查喷油泵的油量，必要时调整其有效行程。

（3）检查和调整喷油定时。

如因气缸或活塞过热产生沉重而又逐渐加重的敲击声，在未进行降速前，会出现转速随之自行下降的现象，这可按过热拉缸的措施进行处理。

因机械的缺陷造成敲击，一般没有应急的调整方法，只有更换备件进行修理。没有备件或不能修理时，可降低到某个安全的转速继续航行。

如机件的损坏影响安全运行又无备件可以更换，则可采取封缸的措施继续航行。

4.3.2 柴油机拉缸现象及应急处理

1. 拉缸

活塞环或活塞裙与气缸之间直接接触，由两个相对运动表面的相互作用而发生的表面损伤、划痕甚至咬死。此种损伤按照程度不同可分为划伤、拉缸和咬缸，在广义上统称拉缸。

通常，活塞环与缸套之间的拉缸限于运转初期易发生，即台架试验、试航和开航初期，一旦磨合完毕之后几乎不再发生此种拉缸。而活塞裙与缸套之间的拉缸，往往发生在磨合完毕后稳定运转的数千小时内。

拉缸损伤的机理过程大多是由于滑动表面的润滑油膜受到局部破坏，使运动表面的突起部位首先发生金属接触干摩擦。然后局部出现微小的"熔着"现象，而熔着部位由于相对运动而被撕裂，在金属表面形成硬化层。当此硬化层被破坏时，产生的金属颗粒将成为加剧磨损的磨料。在出现熔着磨损的过程中，活塞与缸套表面出现沿气缸中心线方向的磨痕，即拉缸现象。

严重时滑动部位完全黏着或卡住，甚至会在两个表面的薄弱部位产生裂纹，即"咬缸"。

2. 拉缸时的征兆

(1) 气缸冷却水出口温度和活塞冷却液出口温度增高。

(2) 气缸内出现活塞与气缸壁的干摩擦异常响声。

(3) 气缸活塞越过上止点位置时将发生敲击声,此时柴油机转速会迅速下降或自行停车。

(4) 曲轴箱温度升高,甚至有烟冒出。

3. 拉缸时的应急处理

(1) 当发现拉缸时,必须迅速降低转速,然后停车,继续增加活塞冷却,同时进行盘车。但此时切勿加强气缸冷却,否则会使拉缸加剧,使事故更加恶化。

(2) 如因活塞咬死而不能盘车时,可待活塞冷却一段时间后,再行盘车使之活动。

(3) 当活塞咬死的情况比较严重时,可向气缸内注入煤油,待活塞冷却后撬动飞轮或盘车。如活塞仍不能动作时,可将起吊螺栓装在活塞顶上用吊车吊出活塞。起吊时应边注入煤油,边用软金属敲打活塞顶,慢慢吊出活塞,防止起吊螺栓拉断或起吊螺孔拉坏。

(4) 吊缸检查时,应将活塞与缸套表面上的拉缸痕迹用油石仔细磨平。损坏的活塞环必须换新。如活塞和缸套损坏严重,应予以换新。

(5) 活塞装复后应进行磨合,磨合时应从低负荷开始逐渐地加负荷并连续运转。

(6) 如拉缸事故不能修复或不允许修复时,可采取封缸方法继续运行。

4.3.3 曲轴箱爆炸预防措施及应急处理

所谓爆炸是指在发生火焰的同时伴随着高压。高压是由火焰诱发而产生的,如无高压存在只可称之为着火。爆炸所形成的破坏力是双重的,即在发生火灾的同时伴随着冲击破坏。

在封闭式强力润滑的柴油机中,任何运动部件的失常都有可能导致后续发生爆炸。曲轴箱爆炸属于恶性事故,不仅会造成柴油机的冲击破坏,而且可能造成人员伤亡,因此应予以足够的重视。

1. 曲轴箱爆炸的预防

如果平时对柴油机维护得好,在有危险时又能及时发现和恰当处理,则能在很大程度上排除爆炸的可能。为了防止曲轴箱爆炸,常采用如下措施。

(1) 避免曲轴箱出现热源。在管理上应保持运动机件正确的相对位置和间隙,保持正常的润滑油冷却,以免运动部件过热、轴承合金烧熔、燃气泄漏等。运行中值班人员应定期探摸曲轴箱的温度。

(2) 保证曲轴箱透气装置工作正常。为了保证润滑油蒸汽低于燃爆下限,在柴油机上采取了曲轴箱通风。在曲轴箱上装有透气管,用以将油气引出机舱外,防止油气积聚。透气装置应装有止回阀,以防止新鲜空气流入曲轴箱。

(3) 保证曲轴箱防爆门启闭灵活。在曲轴箱的排气侧盖上装有防爆门。防爆门的开启压力一般为 0.02 MPa。当曲轴箱内压力高到一定程度时,防爆门开启,释放曲轴箱内的气体,降低压力,随后自动关闭,从而可防止严重的爆炸事故发生。初次爆炸是由于缓慢的燃烧速度,其压力不是很高,然而也足够冲破曲轴箱道门。如果不装防爆门,那么初次爆炸形成的真空,将通过打碎的道门吸入新鲜空气,曲轴箱内浓的油气,与新鲜空气混合后将产生第二次更强烈的爆炸。

2. 曲轴箱爆炸时的应急处理

(1) 如发生有爆炸危险的任何痕迹,曲轴箱过热、透气管冒出大量油气和嗅到油焦味,都表明曲轴箱内出现了热源而有引起爆炸的危险。此时应立即停车或降速运行,润滑油泵和冷却水泵不能停。发电柴油机应在转换负荷后降速运行,如果停车,自带的润滑油泵和冷却水泵也将停泵,反而容易在刚停车时发生曲轴箱爆炸。

(2) 在发现曲轴箱有爆炸危险期间,机舱人员不许在柴油机的装有防爆门的一侧停留,以免造成人身伤亡。

(3) 当曲轴箱爆炸发生并将防爆门冲开后,要立即采取灭火措施,但不可马上打开曲轴箱道门或检查孔灭火。

(4) 如因曲轴箱内某些机件发热而停车,至少停车 15 min 后再打开道门检查,以免新鲜空气进入而引起爆炸。

4.3.4 烟囱冒火的原因、预防措施及应急处理

柴油机有时会产生烟囱喷出火花的情况。这种烟囱有大量的火花连续喷出的现象,俗称烟囱冒火。烟囱冒火时还常伴随着废气锅炉气压突然升高,锅炉安全阀冲开发生跑气的现象。柴油机烟囱冒火,不仅会引起火灾,特别是危及油船的安全,而且也是柴油机运行状态不佳和管理不善的反映,轮机人员应立即判断烟囱冒火的形成,分析其原因,并采取相应措施予以消除。

1. 烟囱冒火的原因

柴油机烟囱冒火,通常是由于未烧尽的燃油或含油积存物随高温燃气带出到烟囱遇空气再燃烧所产生的,即气缸内燃烧过程的延续。从火花形成看烟囱冒火可分为三

种情况。

(1) 油雾燃烧所形成的火花。这种情况多发生在柴油机超负荷、部分气缸燃油雾化较差或气缸空气供应不足等情况下。气缸内喷入的燃油不能完全燃烧,气缸内过量的油雾或细小的油珠被高温排气直接带出烟囱时遇氧而燃烧。

此类火花在白天不易发现,火花大多在随其排烟的流动中自行熄灭,而无炭垢或黑色的颗粒落下。

(2) 残油燃烧所形成的火花。这种火花一般发生在柴油机部分喷油器滴油或在低负荷运行中燃烧不良的情况下。尤其当排烟系统的温度、压力长期偏低时,尚未完全燃烧的油分常常积存在排烟道内,即使被带出烟囱,也难以被低温烟气所点燃。

此类火花形状较上述稍长,颜色也较深,由烟囱冲入天空并随风飘流后自行熄灭。有微细炭粒及烟灰带出。

(3) 烟灰沉积物燃烧所形成的火花。这种火花主要形成原因有:燃烧质量差、燃油的喷油设备不完善或故障、气缸进气系统工作不完善等。

此类火花,大多是板片状,火花产生的时间往往是出航后不久以及航行 10~15 天之后。

这类火花亮点较大,呈黑红色,持续时间长,有灰分及不同形状固体颗粒伴随火花同时从烟囱冲出,常常在甲板上还能继续燃烧,容易发生火灾。

2. 烟囱冒火的预防措施

柴油机气缸内的燃烧保持良好状态,增压系统清洁高效,燃油系统工作正常。

(1) 加强对各缸燃烧过程的监测,及时发现不正常情况。

(2) 选用合适的除炭剂等化学品,定期向排烟管道内投放,以预防结垢和清通系统,使管壁上的积炭等软化、脱落,甚至降低燃点后燃烧。

3. 烟囱冒火的应急处理

如出现第一类火花,应立即降低柴油机负荷或慢慢停车。查明原因并消除故障后再继续使用,待排烟正常后再加至需要的负荷。

如出现第二、三类火花,在环境允许条件下应让其继续"喷冒",使排气系统内的油性沉积物尽量吹掉、烧尽。但应加强柴油机的维护管理以及防火工作。

除火势过猛、个别气缸或局部排烟管过热需降速外,必须尽量使柴油机保持较高负荷运行。

不要轻易使用灭火设备,特别是 CO_2 灭火设备,以防止高温金属因温度急剧降低而产生炸裂。

第 5 章

安全管理

5.1 船舶安全运行与工况管理

5.2 船舶防污染

5.3 船舶防火防爆安全管理

5.4 职务管理

5.1 船舶安全运行与工况管理

5.1.1 不同航区、不同工况下主机操纵注意事项

在各种航行条件下如何操纵主机直接影响着主机工作的可靠性、经济性和使用寿命。正确了解船舶主机在各种航行条件下的运转情况，才能正确地操纵主机，防止事故的发生，以延长发动机的使用寿命。

1. 大风大浪中航行

(1) 坚守岗位，集中精力，加强检查，确保机电设备的正常运转。

(2) 适当降低主机负荷，调整好主机的限速装置，防止主机飞车和超负荷，适当增加船舶后部的压载水量。

(3) 关闭机舱门窗和一切可关闭的通孔，防止江水灌入机舱。

(4) 密切注意主、副机润滑及冷却系统的工作情况，防止因横摇和纵摇使供油、供水失常。

(5) 保持日用油柜高油位，注意放尽油柜底部残水。

(6) 注意保持燃油、润滑油压力。

(7) 注意将大型备件、油桶、工具等捆扎固定，防止移动、翻倒。

2. 浅水区及窄航道

船舶由深水进入浅水航行时，船体下面的水流受到河床的限制，水流与船体的相对速度增加，使摩擦阻力、兴波阻力、涡流阻力均相对增大。航道越浅，阻力增加越

显著，主机转速下降幅度越大。窄水道对阻力的影响与浅水相似。如果同时存在浅水和窄水道影响（如在运河中航行），阻力增加的程度就会更大。

当船舶进入浅水区航行时，值班轮机员应密切注意主机的运转状况，即转速的变化、振动和排温。必要时适当减小油门，降低航速，并以排温不超负荷为准。还应注意海水压力，当有波动时，及时清洗海底门。

3. 紧急倒车

船舶倒航时，由于船舶阻力较正航时大，而且螺旋桨效率也较低，为了保证倒航时主机不致超负荷，必须使倒车的最大转速不超过标定转速的 70%～80%。具体转速应根据排烟温度来确定。

一般情况下船舶全速前进时，不允许紧急倒车。但在特殊的紧急情况下，船长决定采取紧急倒车措施时，应意识到可能损伤主机和轴系，并尽量避免在船速较高时进行倒航操作。

5.1.2 船舶应变部署

船舶应变部署是指船舶为适应各种可能发生的救生、救火、堵漏、舵机失灵、弃船等紧急情况，而事先根据船舶设备和人员情况对各项有关工作的安排部署。船舶应变部署是船舶一项重要的安全制度。其目的是保证船舶在发生各种事故时，能有条不紊地迅速施救，以求减小或不扩大事故损失。

1. 救火应变部署要求

（1）船舶应根据本船人数和职责分工，按部署表编队，每队指定队长一人，带领并指挥本队救火。

（2）不论航行或停泊中，发现火警时，应立即用附近灭火器具扑灭，同时大声呼喊"××处失火"，以便驾驶室及时发出警报，组织施救。

（3）救火警报发出后，所有船员（除值班者外），应按部署规定于 2 min 内迅速携带救火器具赶到现场，由大副或值班驾驶员（停泊中）统一指挥，并通知机舱迅速启动消防泵，水龙带应 5 min 内出水。

（4）航行中发生火警时，船长应首先弄清风向和着火部位，迅速将船转到适当方向，使火势背风，避免蔓延。当火势继续扩大危及旅客、船员生命安全时，应立即在附近安全地带触坡或撤滩收船，并一面组织救生撤离，一面继续救火。

（5）救火应变中，船员应全力扑灭火种，未得到救生弃船命令不得擅离，但在组织指挥上应做好救生弃船的准备。

2. 人落水营救部署的要求

(1) 人落水营救任务主要由驾驶部人员承担。船上的救生设备，必须处于随时可以使用的良好状态。警报发出后，救生舢板或救生艇应于 10 min 内降落至水面。

(2) 船员发现有人落水，应立即抛出救生圈或其他浮具营救，同时向驾驶室高呼："有人从舷落水"（兼用手势指明哪一舷）或用哨子发出警报，并应注意跟踪瞭望。

(3) 驾驶室闻报后，应及时发出警报，立即停车，用舵转向落水者一舷进行营救，同时指定人员至高处瞭望。夜间应打开探照灯寻找。营救人员应迅速放出救生艇或舢板，船艇之间须以各种方法保持通信联络。

(4) 在营救过程中，船长要注意本船的安全，以防顾此失彼，扩大损失。

3. 进水抢险部署的要求

(1) 按照进水抢险性质编制部署表，参加抢险任务的船员以驾驶、轮机部为主，其他部门人员也要做好准备。

(2) 船舶发现进水时，如江水涌入很猛、情势危急，船长应立即发出抢险命令和警报，必要时应发出求救信号，通知附近船舶或港口救助，同时应就附近安全地带撇滩收船。如进水程度较轻，则令大副组织人员堵漏、抽水，并选择安全锚地停泊，待进水情况弄清后方可续航。

(3) 进水警报发出后，执行抢险人员应立即携带堵漏器材、工具到达现场听候指挥。轮机长应立即到机舱组织人员泵水，保持动力设备正常运转。报务员、广播员应立即赶到工作岗位候令。

(4) 进水抢险中，未得到救生弃船命令前，应坚守岗位、全力抢险，但在组织指挥上，应做好救生弃船准备。

5.1.3 船舶主辅机发生故障时应采取的措施

1. 机动用车时的注意事项

船舶在靠离码头和进出港口，航行于狭窄航道、运河时称机动航行。机动航行的特点是操作频繁，运行状态多变。当班轮机员应严格执行车令，并能进行正确的管理和操作。为保证船舶安全，一般采取下列措施。

(1) 机动航行前对主机进行试车，检查主机的启动和换向性能以确保机动用车。

(2) 在机动用车时，因空压机、通风机、舵机、绞缆机、锚机等设备的频繁使用，使电站负荷增加且变化频繁。所以应增开一台发电机，并联运行，以保证用电需要。

(3) 加强对空压机、空气瓶的管理，保证主机启动和汽笛用气。

(4) 注意柴油机各动力系统的工作正常、稳定。

2. 主机发生故障时的安全措施

主机发生突然故障时要采取正确的安全措施,以保证船舶、主机和人身安全。

(1) 当机械设备发生故障不能执行驾驶台命令时,应立即通知轮机长和值班驾驶员报告船长,并将故障情况记载于"轮机日志"。如需停车,应先征得值班驾驶员同意。但是在发生人身事故以及重要机件损坏等严重威胁主机安全的危急情况时,可先停车,并立即报告值班驾驶员和轮机长。

(2) 迅速备车,并严格执行船长命令。

(3) 柴油机运转中,下列情况应立即停车。

1) 柴油机运转危及人身安全或导致机损时。

2) 润滑油、燃油管系破裂,大量油类外泄,造成严重污染并危及柴油机安全时。

3) 曲轴箱爆炸时。停车后 15 min,等曲轴箱温度下降时方可小心地打开曲轴箱道门,进行认真检查。

3. 单机航行的安全措施

内河船舶为了适应航区的特点和满足对船舶操纵性能的要求,大多数船舶都采用双主机双螺旋桨的形式。在航行中有时会碰到一台主机失灵的情况,这时只能依靠另一台主机维持单机航行。单机航行和双机航行有所不同,在航行中抢修主机和在港检修主机也不一样,有一些管理和安全方面的事项应该引起重视。

(1) 单机航行时,一部主机要负担推进船舶的全部动力,所以在同样转速情况下,主机负荷比双航行时大得多,很容易造成超负荷。因此,应该加强对运行主机的观察,必须酌情控制车速,以免柴油机超负荷运转,造成损伤。此时,轮机人员必须严密注意排气温度、排气颜色、主机振动、曲轴箱温度等,特别要防止全部轮机人员都集中去抢修失灵主机,而无人管理正在运行主机的现象。

(2) 失灵主机的螺旋桨被流水冲动,会带动尾轴和推力轴旋转,因此必须保持这些部件的润滑。轮机人员必须根据要求按时给轴承加注润滑油,防止产生干摩擦而损坏轴系和轴承。

(3) 失灵主机如果在航行中抢修,则必须脱开离合器,或者使用盘车装置刹住主机不使其随着螺旋桨转动。在抢修过程中,必须随时提高警惕,防止轴系转动将机件打坏,要注意因主机转动而伤人。

此外,正在拆修主机的船舶,如果需要其他船舶拖动移泊时,或者主机发生故障需由其他船舶拖动、边航行边抢修时,也必须注意与单机航行中抢修的同样事项。如果稍有疏忽，也会造成重大事故。

4．全船失电时应采取的措施

根据船舶航行状态不同应采取不同措施，以避免因失电而产生其他重大事故。

（1）船舶正常航行时，突然失电时应首先停止主机运转并立即电告驾驶台，然后迅速启动备用发电组，尽快恢复供电。如果情况特殊急需用车避让，只要主机有可能短期运转则应执行驾驶台命令。如备用发电机组也不能启动，应急发电机应自动启动，并首先给倒航设备和舵机供电。在恢复正常供电后，再启动为主机服务的各电动泵，然后再启动主机。

（2）船舶在狭窄水道或进出港航行中突然失电时，应迅速启动备用发电机组尽快恢复供电，同时立即通知驾驶台并停止主机运转。在应急处理过程中必须有人坚守主机操作台，随时与驾驶台联系。如情况危急，船长必须用车时，可按车令强制主机运行而不考虑主机后果。

（3）船舶在系泊或锚泊状态发生失电时，应先启动备用发电机组。恢复正常供电后，再分析、检查故障原因并予以排除。

5.1.4 日常工作安排及安全注意事项

1．航行中

（1）航行中每天开工前，轮机长或大管轮应召开班前会，将当天的检修计划及人员安排、工作重点、工作注意事项讲清楚。

（2）航行中值班人员应确保船舶设备及其系统安全有效地运行。其他值班人员须服从当值轮机员的安排，同样要执行本值班职责。

（3）确保本班人员熟悉值班区域内消防设备的所在位置、使用方法及安全注意事项。

（4）按时巡回检查各机械设备的运行状况，发现异常应及时处理，如不能处理应及时报告轮机长或大管轮。随时清除油污、废弃的棉纱破布和其他的易燃物。

（5）迅速准确地执行驾驶台的指令。根据大副的通知进行注、排压载水及洗舱水，应特别注意正确操作系统和阀门，严格防止压载水倒灌，并将起、止时间记入"轮机日志"。

（6）根据大管轮的安排，按计划执行、安排督促和记录不会影响航行安全的日常检查、维修保养工作。

（7）做好各项防污染工作，不得擅自将污水或污油打出海，不得擅自乱扔垃圾。值班人员只能将污水打入污水柜，垃圾要分类放入各自的垃圾桶内。

2. 停泊中

(1) 通过船长、轮机长了解所在港口有关安全防污染等的最新规定。督促值班人员执行有关规定，做好运行设备及其系统的检查工作和记录。确保机电设备的正常运行。

(2) 确保本班人员熟悉值班区域内消防设备的所在位置、使用方法及安全注意事项。

(3) 迅速准确地执行驾驶台的指令。根据大副的通知进行注、排压载水，应特别注意正确操作系统和阀门，严格防止压载水倒灌或将压载水溢出甲板。并将起、止时间记入"轮机日志"。

(4) 在早上和晚上就寝前应巡回检查机舱和舵机房的安全状况及各机电设备的运行情况。

(5) 发生紧急情况时，以最快的方式向驾驶台报告并根据自己的判断决定是否发出警报声响，然后采取一切可行的措施防止船舶、货物和船员的损失。如轮机长和船长不在船，则听从大副、大管轮或值班驾驶员的统一指挥，组织轮机部所有在船的人员全力投入抢救工作。

(6) 根据船长和值班驾驶员的通知，准备做好移泊和备车准备，并具体负责移泊。主机试车前必须征得值班驾驶员的同意。

(7) 船在厂修期间，要特别注意监督落实安全和防火的有关规定。了解在发生火警或船员受伤时同厂方有关部门紧急通信联系的途径和方法。

(8) 根据大管轮的安排，参加日常维修保养工作。

(9) 做好各项防污染工作，不得擅自将污水或污油打出海，不得擅自乱扔垃圾。值班人员只能将污水打入污水柜，垃圾要分类放入各自的垃圾桶内。同时要注意维持化粪池的正常运转，不得私自将生活污水直接转出海。

5.2 船舶防污染

随着航运业的发展，船舶数量和吨位的增加，从各种途径排入水域的有害物质的数量与日俱增，使水域环境遭受破坏，影响生态平衡和水文气象，危害人类健康，造成水域污染。船舶防污染是指：严格控制和预防船舶各种有害物质的排放和意外泄漏，防止船舶在正常营运和发生事故时给水域带来污染。

5.2.1 防污染有关法规及规定

由于船舶的流动性，船舶对水域的污染也必然具有广泛性。世界各国采取了法律、行政、经济及工程技术革新等各种手段来保护水域环境，防止污染损害。其中的法律手段得到了特别的重视。一系列的国际性、区域性和各沿海国关于防止船舶污染海洋会议也顺利召开，制定和实施了相应的法律和法规。并且，随着科学技术的进步，相应的法律和法规也在不断地修订、补充、完善和逐步生效。总之，防止船舶污染水域的条例和法规的要求将会越来越严格。

1. 《中华人民共和国防治船舶污染内河水域环境管理规定》

在我国颁布的防污法规中，与小型船舶关系最为密切的是2005年8月20日公布，2006年1月1日起施行的《中华人民共和国防治船舶污染内河水域环境管理规定》，现简要介绍如下。

(1) 目的、适用范围及管理机关

1) 目的。为了加强对防治船舶污染内河水域环境的监督管理，保护内河的环境及资源，促进经济和社会的可持续发展。

2) 适用范围。船舶在中华人民共和国内河水域从事航行、停泊、作业及其他影响内河水域环境的活动，适用本规定。渔船和军队、武警的现役在编船舶不适用本规定。

3) 管理机关。国务院交通主管部门主管全国防治船舶污染内河水域环境的管理工作。国务院交通主管部门海事管理机构具体负责全国防治船舶污染内河水域环境的监督管理工作。各级海事管理机构依照各自的职责权限，负责本辖区防治船舶污染内河水域环境的监督管理工作。

(2) 一般规定

1) 中国籍船舶防治污染的结构、设备、器材，应当符合国务院交通主管部门的规定和国家有关规范、标准，经船舶检验机构检验、认可，并保持良好的技术状态。

2) 船舶必须按照有关规定，持有效的防污染证书、文书。船舶进行涉及污染物的作业，应当按照规定在相应的记录簿上如实记录并规范填写。

3) 船员应当具有相应的防治船舶污染内河水域环境的专业知识和技能，熟悉船舶防污染程序和要求，并按照规定参加相应的培训、考试和评估，持有有效的职务适任证书和相应的培训合格证书。

4) 任何在内河水域航行、停泊和进行相关作业的船舶，都不得违反法律、行政法规和国务院交通主管部门的规定，向内河水域排放污染物。

禁止船舶在内河水域载运法律、行政法规和国务院交通主管部门规定的不得在内河水域运输的危险化学品。禁止船舶在内河水域使用焚烧炉。

5) 依法设立特殊保护水域，应当事先征求海事管理机构的意见，并由海事管理机构发布航行通（警）告。设立特殊保护水域，应当同时设置船舶污染物和其他有毒有害物质接收及处置设施。

在特殊保护水域内航行、停泊、作业的船舶，应当遵守特殊保护水域有关防污染的规定、标准。

6）船舶在城市市区的内河航道航行时，应当按照规定使用声响装置。航行于城市市区内河航道的挂桨机船舶，应当将挂桨机置于封闭装置之内或者采取其他等效措施，以降低机器运转产生的噪声对环境的危害。

7）所有船舶、单位和个人均有维护内河水域环境的义务，在发现船舶存在污染内河水域环境的行为时，应当立即向海事管理机构报告。

(3) 船舶垃圾和生活污水

1）总长度为 12 m 及以上的船舶应当设置统一格式的垃圾告示牌，告知船员和旅客关于垃圾管理的要求及处罚规定。

400 总吨及以上的船舶和经核定可载客 15 人及以上且单次航程超过 2 km 或者航行时间超过 15 min 的船舶，须备有符合编制要求的"船舶垃圾管理计划"和海事管理机构签发的"船舶垃圾记录簿"。

上述规定以外的船舶，有关垃圾处理情况应当如实记录于"航行日志"中，以备海事管理机构检查。

"船舶垃圾记录簿"应当随时可供检查，用完后在船上保存 2 年。

2）禁止向内河水域排放船舶垃圾。船舶垃圾必须由有资质的单位接收处理。

船舶应当配备有盖、不渗漏、不外溢的垃圾储存容器，或者实行袋装，以满足航行过程存储船舶垃圾的需要。禁止使用不可降解的一次性发泡塑料餐具。

3）船舶应当对所产生的垃圾进行分类、收集、存放。垃圾处理作业应当符合"船舶垃圾管理计划"中所规定的操作程序。

船舶垃圾中的危险性物品和有毒有害性物品应当单独存放，并应当向接收单位提供所含物质的名称、性质、数量等资料。

4）客运、旅游船舶应当建立垃圾管理制度，配备专（兼）职环保监督管理员，负责船上环境卫生的管理工作。

5）船舶应当按照规范要求设置与生活污水产生量相适应的处理装置或者储存容器。

任何船舶不得向内河水域排放不符合排放标准的生活污水。

(4) 船舶污染物的排放与接收

1）船舶排放污染物应当符合国家和地方有关污染物排放的标准及要求。不符合排放标准和要求的船舶污染物，应当委托有资质的污染物接收单位接收处理，不得任意排放。

2）港口、装卸站应当具备与其装卸货物和吞吐能力相适应的污染物接收或者处理能力，满足到港船舶的需要。

港口、装卸站应当将接收或者处理能力的情况向海事管理机构备案。

3）从事船舶污染物接收、船舶清舱作业活动的单位，必须具备相应的接收处理能力，配备足够的防污染设备，建立安全与防污染制度。

从事船舶污染物接收、船舶清舱作业活动的单位，应当将其接收和处理能力向海事管理机构备案。

4）在船舶污染物接收和排放作业以及船舶清舱、洗舱作业过程中，船方和作业单位必须遵守有关操作规程，落实防污染措施，防止污染物溢漏。

污染物接收单位应当在污染物接收作业完毕后，向船舶出具污染物接收处理单证，并由船长签字确认。

船舶凭污染物接收处理单证向海事管理机构办理污染物接收处理证明，污染物接收处理证明由船方保存在相应的记录簿中备查。

5）来自疫区船舶的船舶污染物、船舶垃圾、压载水、生活污水，应当经检疫部门检查处理后方可处理。

对含有有毒有害物质或其他危险成分的船舶污染物的接收和处理，必须符合国家环境保护主管部门有关危险废物的管理规定。

6）船舶动力装置运转产生的废气以及船上产生的挥发性有机化合物，不得超过国家和地方规定的标准向大气排放。

（5）船舶污染事故应急反应

1）海事管理机构应配合地方人民政府制订船舶污染事故应急计划。

2）船舶修造厂、拆船厂和从事散装污染危害性货物装卸作业的经营人应当制订相应的污染事故应急计划，并报海事管理机构备案。

3）150总吨及以上的油船、油驳和400总吨及以上的非油船、非油驳的拖驳船队应当持有经海事管理机构批准的"船上油污应急计划"。150总吨以下油船需制订油污应急预案。

4）载运散装有毒液体物质的船舶应当配备经海事管理机构批准的"船上有毒液体物质污染应急计划"。

400总吨及以上载运有毒液体物质船舶，用"船上污染应急计划"替代"船上油污应急计划"和"船上有毒液体物质污染应急计划"。

5) 制订污染事故应急计划的单位和船舶应当定期组织应急演练,做好相应记录,并不断完善应急计划。

6) 港口、装卸站以及从事船舶修造、打捞、拆解等作业活动的单位和载运污染危险性货物的船舶,应当配备符合国家有关标准和适合当地水文条件的防污染应急设备和器材。

7) 在内河水域内清除污染需使用化学消油剂的,应当事先向海事管理机构提出申请,说明消油剂的牌号、计划用量和使用地点,经审核同意后,方可投入使用。

8) 船舶发生污染水域事故,应当立即向最近海事管理机构如实报告,同时按照污染事故应急计划的程序和要求,采取相应措施。在初始报告以后,船舶还应当根据事故的进展情况进一步作出补充报告。

船舶发生水上交通事故,存在沉没可能时,或者在船员弃船前,应当尽可能地关闭所有液货舱或者油舱(柜)管系的阀门,堵塞相关通气孔,防止溢漏,并且应当在事故报告书中,说明存油或者液货的数量以及通气孔的位置。

9) 海事管理机构接到船舶污染事故的报告后,应当按照污染事故应急计划的程序作出反应。

当污染可能涉及周边国家或者地区水域时,由国务院交通主管部门海事管理机构按照有关国际条约或者双边协定的要求,通知周边国家或者地区的海事主管机关,共同采取必要的防污染行动。

10) 船舶发生事故,造成或者可能造成内河水域环境污染的,海事管理机构可以采取必要的防污染措施,包括强制清除、强制打捞、强制托航等应急处置措施,由此发生的一切费用,由责任方承担。

(6) 污染事故调查处理

1) 发生船舶污染事故的当事方应当在 24 h 内向事故发生地的海事管理机构提交污染事故报告书,报告书的内容如下。

①船舶或者设施的名称、呼号或者编号、国籍,所有人或者经营人名称及地址。

②发生事故的时间、地点、气象和水文情况。

③事故原因或者初步原因判断。

④污染物的种类和数量,或者预估数量及污染范围。

⑤已采取或者准备采取的防污措施及污染控制情况。

⑥援助或者救助要求。

⑦需要报告的其他事项。

2）海事管理机构接到船舶污染事故的报告后，应当及时开展调查。海事管理机构应当按照规定的程序和方法开展船舶污染事故调查。事故调查应当全面、客观、公正。

事故当事人及有关人员，应当接受调查，积极配合，如实陈述事故的有关情况和证据，不得谎报、隐匿或者毁灭证据。

3）船舶、设施或者有关作业活动造成水域环境污染损害的，应当按照有关法律、行政法规的规定承担损害赔偿费用。

4）船舶被处以罚款或者需承担清除、赔偿等经济责任的，其所有人、经营人或者有关当事方，必须在离港前办妥有关财务担保手续。

(7) 法律责任

1）海事管理机构发现船舶存在污染隐患的，应当责令其消除或者限期消除隐患；有关单位和个人不立即消除或者逾期不消除的，海事管理机构可以采取责令其临时停航、停止作业，禁止进港、离港，责令驶往指定水域等强制性措施。

2）违反本规定，污染应急计划或者垃圾管理计划未得到落实的，由海事管理机构责令限期纠正，并给予警告或者处以 2 000 元以下罚款。

3）违反规定，有下列行为之一的，由海事管理机构处以警告或者 10 000 元以下罚款。

①船舶未持有有效的防污证书、防污文书，或者不按照规定记录操作情况。

②船舶未配备防污染设备或者防污设备存在重大缺陷，在海事管理机构限期内不予纠正的。

③船舶靠泊未按照规定配备防污设备或者防污设备存在重大缺陷的港口、装卸站的。

4）船舶和相关单位、人员有其他违反本规定行为的，由海事管理机构根据《中华人民共和国内河海事行政处罚规定》等规定给予相应的处罚。涉嫌构成犯罪的，依法移送国家司法机关。

5）海事管理机构行政执法人员滥用职权、玩忽职守、徇私舞弊、违法失职的，依法给予行政处分。构成犯罪的，依法追究刑事责任。

(8) 船舶油污染事故等级标准。该标准规定了船舶污染事故等级的划分，作为航运部门管理和统计船舶污染事故的评定依据，适用于油船和非油船造成水域油污染事故，但不适用于由海损事故造成的油污染事故。

1）等级划分。船舶油污染事故等级以入水量和经济损失两项划分，见表5—1。

2）等级评定

①如油污染入水量和经济损失在表中同属一个等级时,即按所属事故的等级划分。

②如油污染入水量和经济损失在表中不属同一事故等级时,应按所属事故等级中较大的一级为评定依据。

表5—1　　　　　　　　油污染事故等级划分表

事故等级	油船	油船和非油船	
	货油	船用油	油性混合物
重大事故	入水量≥5 t 经济损失≥10万元	入水量≥1 t 经济损失≥2万元	—
大事故	入水量1~5 t(不含5 t) 经济损失5万~10万元(不含10万元)	入水量0.3~1 t(不含1 t) 经济损失0.5万~2万元(不含2万元)	经济损失0.5万元
一般事故	入水量0.1~1 t(不含1 t) 经济损失0.5万~5万元(不含5万元)	入水量0.02~0.3 t(不含0.3 t) 经济损失0.1万~0.5万元(不含0.5万元)	经济损失0.05万~0.5万元(不含0.5万元)
小事故	入水量<0.1 t 经济损失<0.5万元	入水量<0.02 t 经济损失<0.1万元	经济损失<0.05万元

注：入水量指油类流入水域的数量。经济损失指由船方造成油污染事故所付出的各种费用的总和,其中包括赔偿费、清除费、罚款、调查费、油损折价等费用。

2．船舶发生污染事故后应采取的应急措施

(1) 海事管理机构应配合地方人民政府制订船舶污染事故应急计划。

(2) 船舶修造厂、拆船厂和从事散装污染危害性货物装卸作业的经营人员应当制订相应的污染事故应急计划,并报海事管理机构备案。

(3) 150总吨及以上的油轮、油驳和400总吨及以上的非油轮、非油驳的拖驳船队应当持有经海事管理机构批准的"船上油污应急计划"。150总吨以下油船需制定油污应急预案。

(4) 载运散装有毒液体物质的船舶应当配备经海事管理机构批准的"船上有毒液体物质污染应急计划"。

(5) 制订污染事故应急计划的单位和船舶应当定期组织应急演练,做好相应记录,并不断完善应急计划。

(6) 港口、装卸站以及从事船舶修造、打捞、拆解等作业活动的单位和载运污染危害性货物的船舶,应当配备符合国家有关标准和适合当地水文条件的防污染应急设备和器材。

(7) 在内河水域内清除污染需使用化学消油剂的,应事先向海事管理机构提出申请,说明消油剂的牌号、计划用量和使用地点,经审核同意后,方可投入使用。

(8) 船舶发生污染水域事故,应当立即向最近海事管理机构如实报告,同时按照污染事故应急计划的程序和要求,采取相应措施。在初始报告以后,船舶还应当根据事故的进展情况进一步作出补充报告。

船舶发生水上交通事故,存在沉没可能时,或者在船员弃船前,应当尽可能地关闭所有液货舱或者油舱(柜)管系的阀门,堵塞相关气孔,防止溢漏,并且应当在事故报告书中,说明存油或者液货的数量以及通气孔的位置。

(9) 海事管理机构接到船舶污染事故的报告后,应当按照污染事故应急计划的程序作出反应。

当污染可能涉及周边国家或者地区水域时,由国务院交通主管部门海事管理机构按照有关国际条约或者双方协定的要求,通知周边国家或者地区的海事主管机关,共同采取必要的防污染行动。

(10) 船舶发生事故,造成或者可能造成内河水域环境污染的,海事管理机构可以采取必要的防污染措施,包括强制清除、强制打捞、强制拖航等应急处置措施,由此发生的一切费用,由负责方承担。

3. "油类记录簿"的填写及注意事项

凡150总吨及以上的油船和400总吨及以上的非油船,均应备有"油类记录簿"第Ⅰ部分(机器处所的作业)。凡150总吨及以上的油船,还应备有"油类记录簿"第Ⅱ部分(货油/压载的作业)。

(1) "油类记录簿"的内容。每当船舶进行下列任何一项作业时,均应按规定填入"油类记录簿"。

1) 机器处所的作业(所有船舶)

①燃油舱的压载或清洗。

②燃油舱的压载水或洗舱水的排放。

③残油(油泥)的收集和处理。

④机器处所积存的舱底水自动或非自动排出舷外或其他处理。

⑤排油监控系统状况。

⑥意外的或异常的排油。

⑦加装燃油或散装润滑油。

⑧补充的作业和一般说明。

2）货油/压载的作业（油船）

①货油的装载。

②航行中货油在船内的转驳。

③货油的卸载。

④原油洗舱。

⑤货油舱和清洁压载舱的压载。

⑥货油舱的清洗。

⑦含污压载水的排放。

⑧污油水舱水的排放。

⑨残油和其他未经处理的含油混合物的处理。

⑩货油舱内清洁压载水的排放。

⑪清洁压载舱的排放。

⑫排油监控系统状况。

⑬意外的或其他异常的排油。

(2)"油类记录簿"的记录格式及填写注意事项

1）记载细目。在"油类记录簿"首页说明之后，是机器处所的作业细目一览表。"油类记录簿"记载细目一览表见表5—2。

表5—2　　　　　"油类记录簿"记载细目一览表

A. 燃油舱的压载或清洗
(1) 压载油舱的编号
(2) 从上次装油后已否清洗。若未清洗，说明上次所装油类
(3) 清洗作业
1) 清洗开始和结束时的船位和时间
2) 注明已用一种或两种方法清洗过的油舱编号（水刷、蒸洗、化学品清洗；所用化学品的牌号和数量）
3) 注明洗舱驳入的油舱编号
(4) 压载
1) 压载开始和结束时的船位和时间
2) 油舱未予清洗，压载水的数量
3) 清洗开始时的船位
4) 压载开始时的船位

续表

B. 来自（A）项所指燃油舱的洗舱水或压载水的排放

（5）注明油舱编号

（6）开始排放时的船位

（7）终止排放时的船位

（8）排放期间的船速

（9）排放的方法

1）通过 100 mg/L 设备

2）通过 15 mg/L 设备

3）排入接收设备

（10）排放的数量

C. 残油（油泥）的收集和处理

（11）残油的收集

每航次结束时船上留存的残油（油泥）的数量，这种航行必须超过一周，当船舶在短航程上，残油量应每周记录一次

1）分离出的油泥（燃油和润滑油的净化所产生的油泥）和其他残油适用的话

—油舱的编号

—油舱的容量（m^3）

—留存残油的总量（m^3）

2）除 10 以外的舱室布置，其他残油（例如在机器处所的排水口泄漏、耗损油等）所产生的残油适用的话

—油舱的编号

—油舱的容量（m^3）

—留存残油的总量（m^3）

（12）残油的处理方法

说明处理的残油数量（注明从油舱中排出和留存在油舱中的数量）

1）排入接收设备（注明港口）

2）驳入另一（其他）油舱（注明油柜编号和油舱的总容量）

3）焚烧（注明操作的整个时间）

4）其他方法（予以说明）

D. 机器处所积存的舱底水非自动排出舷外或其他处理

（13）排放和处理的数量

（14）排放或处理的时间（开始和结束）

（15）排放或处理的方法

续表

D. 机器处所积存的舱底水非自动排出舷外或其他处理

1）通过 100 mg/L 设备（注明开始和结束时的船位）

2）通过 15 mg/L 设备（注明开始和结束时的船位）

3）排入接收设备（注明港口）

4）驳入污水舱和货舱（注明油柜编号；说明转驳的数量和油舱里保留的总量）

E. 机器处所积存的舱底水自动排出舷外或其他处理

(16) 系统转入自动方式操作，向舷外排放的时间和船位

(17) 系统转入自动方式操作，把舱底水驳入货舱的时间（注明油舱编号）

(18) 系统转入手动方式操作的时间

(19) 向舷外排放的方法

1）通过 100 mg/L 设备

2）通过 15 mg/L 设备

F. 排油监控系统的状况

(20) 系统故障的时间

(21) 系统恢复运转的时间

(22) 故障的原因

G. 意外的或其他异常的排油

(23) 发生的时间

(24) 发生时的船舶所在地点和船位

(25) 油的种类和大概的数量

(26) 排放或泄漏的情况、原因和一般说明

H. 加装燃油和散装润滑油

(27) 加油

1）装油的地点

2）装油的时间

3）燃油的种类、数量及油舱编号（说明加入的量和油舱里的总量）

4）润滑油的种类、数量及油舱编号（说明加入的量和油舱里的总量）

2）补充的作业程序和一般说明。在"油类记录簿"的记载细目一览表之后，是每项作业的记载页码，格式见表5—3。

表 5—3　　　　　　　　　每项作业的记载页码

船名_____

船舶编号或呼号_____

货油/压载的作业（油船）＊/机器处所的作业（所有船舶）＊

日期	代号（字母）	细目（数码）	作业记录/负责人员签名

船长签名_____

(3) 填写时的注意事项

1) 填写"油类记录簿"时，应采用记载细目表中规定的项号和序号，即除地点、方法用适当的文字写明外，其余一律使用代号。

2) 填写时，日期、作业代号和细目的数码，应记入相应的表格内，所要求的细节，应按年月顺序记入空栏，并逐行、逐页填写，不得留有空白间隔。

3) 每记完一页，应由操作负责人员（轮机长）签署姓名和日期。

4) 每记完一页，应由船长审阅、签字。

5) 应按实际情况，如实填写"油类记录簿"，不得伪造事实。

6) 填写时发现填写错误，不得涂改；应在错误项内画一横线并签上负责人的姓名、日期，再重新起行填写。

7) 机器处所的作业"油类记录簿"由轮机部门保管；油船的货油操作"油类记录簿"由大副保管。

8) "油类记录簿"应存放在随时可取来检查的地方，当最后项记满后，应在船上保存3年。

(4) 污油处理证明。当船上储存较多的废油时应尽量利用岸上接收设备，所有废油处理时，应将废油的数量、时间、港口记录在"油类记录簿"与"航海日志"上，由海事机构在"油类记录簿"上盖章签字，并取得海事的证明。该证明与"油类记录簿"一起保留在船上以备进一步检测。

在进行此项工作时应特别注意：港务监督须在现场或经特别许可方可进行；否则视为无效，将会受到处罚；在国外更应遵守当地的"港口须知"或有关规定，以免造成失误。

(5)"油类记录簿"的效力。"油类记录簿"是船上重要的、享有法律效力的船舶防污文书。

国家海事主管部门可在其港口或附近装卸站对规定的任何船舶检查"油类记录簿",并可将该记录簿中的任何记录制成副本,要求船长证明该副本是该项记录的正确副本。这样制成的副本,经船长证明为船上"油类记录簿"中某项记录的正确副本者,可在任何法律诉讼中作为该项记录中所述事实的证据。

4. "船舶垃圾记录簿"和"船舶垃圾管理计划"

根据原交通部、建设部、国家环保局1997年第17号令《防止船舶垃圾和各沿岸固体废物污染长江水域管理规定》的要求,凡400总吨及以上的船舶和经核定可载15人及以上的船舶,均需配备有海事部门批准的"船舶垃圾管理计划"和签发的"船舶垃圾记录簿"。"船舶垃圾记录簿"记录的主要内容如下。

(1)按规定向海中排放垃圾。

(2)向港口接收设备排放垃圾。

(3)在船上焚烧垃圾。

(4)意外或其他特殊情况下排放垃圾。

"船舶垃圾记录簿"每项操作应有操作负责的船员签字,每记完一页应由船长签字。最后一页记录完毕在船上保存2年。

在向港口接收设备排放垃圾时,须从接收设备管理人员处取得一份写明垃圾接收量收据,并同"船舶垃圾记录簿"一起保存2年。

5.2.2 油污水处理设备

船用油水分离器可对船舶上的含各种燃料油、密度极高的残余渣油以及由氧化铁、表面活性剂等配置的乳化液混合物的舱底水进行有效的处理。

1. 油水分离器种类、结构和特性

(1)油水分离器的种类。目前船用油水分离器主要有重力—过滤组合式分离器、重力—吸附组合式分离器、真空式油水分离器等类型。其中重力—过滤组合式分离器分离效果好,采用比较普遍。

(2)重力—过滤组合式分离器的结构和工作原理。图5—1所示是典型的油水分离与过滤装置,该装置的第一级采用重力分离,第二级则为过滤式分离。装置第一级是多层斜板式油水分离器(特勃勒油水分离器)。由舱底水泵泵出的舱底水,经分离器入口进入上部粗分离室。由于油污水是以切线方向流入,所以在筒内呈缓慢的旋转流动状态。这样不仅使油水流动路线增长,还增加了油粒相互碰撞的机会,促使粗大油粒从粗分离室内上浮至集油室。其余含有较小油粒的污水通过上下层之间的多孔阻滞板和集油罩中部圆孔流入下室中,而下室是由许多平行收集板组成的细分离室。在污水从收集板外周向中央集水管流动的过程中,微细油粒上浮聚集在收集板下面,逐渐聚集成大油粒沿收集板外周缘上浮,经集油罩上部上升进入集油室,聚集在集油室内的油,通过装在排油出口管上的自动排油控制阀控制,排入残油舱(柜)。而仍含有极微小油粒靠重力不易分离的水(约 100 mg/kg)则流入中央集水管,从分离器底部排出口排出,再进入第二级滤油装置,进行进一步的处理。

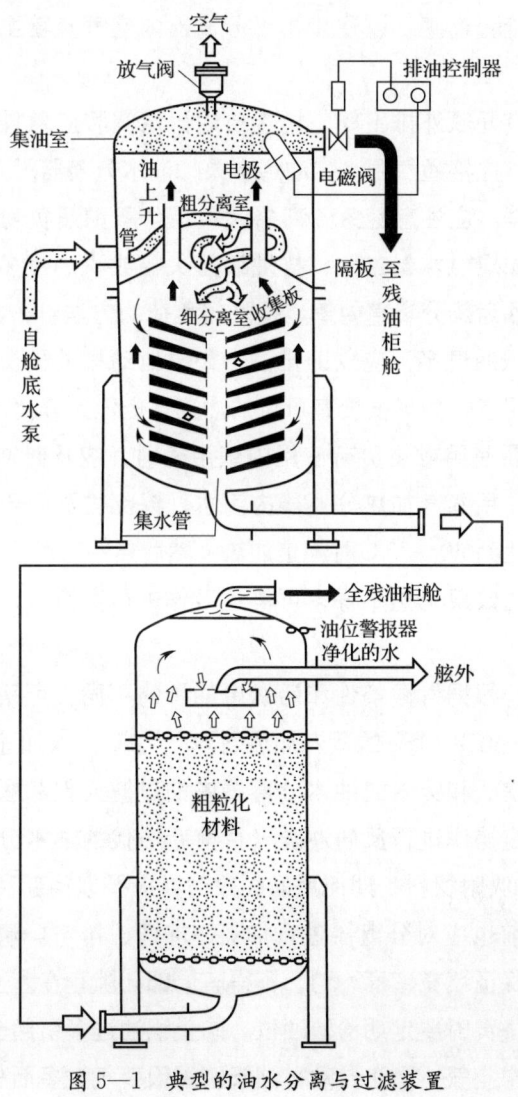

图 5—1 典型的油水分离与过滤装置

油性混合液通过多孔性过滤元件，使微细油粒聚集成粗大油粒，脱离介质表面，然后在水中自由上浮。这种使油粒聚集的作用，叫做粗粒化效果，而由具有粗粒化效果的材料组成的滤器则叫做"集合元件"或"粗粒化元件"。图5—1中第二级滤油装置就属于此种。经第二级处理后的含油污水一般可达 $5 \sim 10$ mg/kg。这种粗粒化元件具有清油疏水性能，一般使用半年后就需要再生。

2. 油水分离器的使用和管理

(1) 启动前的准备。油水分离器在首次或清洗后投入使用前注满清水，有助于洗掉可能黏附的油污和杂质，避免油污水对分离器的污染。注水时，应打开顶部的放气阀、上排污阀和高位检验旋塞，以逐步排出分离器内空气。直至水从这些阀中流出时将其关闭停止注水。

在启动污水泵前打开舷外排出阀，检查自动排污阀和应急操纵手轮是否处于正常位置。如有气动装置，应接通气源。启动污水泵，油水分离器投入运行。

(2) 运行中的管理。应注意避免分离器超负荷。所谓超负荷，即超过其达到排放标准和分离的能力。如果供水量过大、排油装置失控或积油过多，都会降低油从水中分离的效果，造成污油污染分离筒内壁。检验超负荷的方法：一是检查低位检验旋塞，当其有油流出时说明积油过多，应立即排油，如果自动排油失灵应改为手动排油；二是通过出水口水样的观察，如果发现有可见的油迹，应停止分离器工作。

油水分离器因长期使用或超负荷使用内壁污染时，应及时冲洗。冲洗时，首先开加热器蒸汽进出口阀，用蒸汽加热分离器内污水，以除去黏附于内壁及其他装置上的油污，并在加热温度达到 $60 \sim 70$℃时停止加热。然后启动污水泵，排出清洗后的污油，再投入工作。如果清洗效果仍然不好，可停止工作进行蒸汽吹洗，以使内部油污脱除干净。

为保证分离效果，根据气候条件和污水中油种的不同，可采用加热的方法提高分离效果。一般用 $0.25 \sim 0.3$ MPa 的蒸汽加热到 $50 \sim 70$℃，以加速油滴上升和使黏附内壁上的油污脱落。过滤式和吸附式油水分离器中的过滤元件和吸附材料容易堵塞，工作一段时间后要按规定操作进行反向冲洗（目前新一代的油水分离器都有自动反向冲洗功能）。过滤元件和吸附材料长期使用而失效时，应予以换新和补充。同时，在检查滤器或换新聚合元件前也应对分离器进行加热、冲洗、排空。清洗或更换过滤材料和填充吸附材料时，要保证填充密度均匀，不得有局部孔隙存在。

在自动排油装置失灵时要定期检验油位。防止积油过多引起分离器自身污染。

定期排放集油室中空气，防止自动排油阀装置因存气过多而失灵。

(3) 影响分离性能的因素及措施。油水分离器的分离性能与其本身结构、内部清洁状况、污水中的油类品种、污水泵类型、分离量等因素有关,对于已定的分离装置如果分离效果不佳时,可以采取以下措施。

1) 改为间歇工作,即当注满水后,停止供水,使污水在分离器中停留足够的时间,经沉淀分离后再投入运行。

2) 采用将舱底水分区抽吸处理的方法,即将含油多的污水排置污油舱经加热沉淀后将下层的水经分离器排出。

3) 减少分离量,改善分离效果。

4) 适当加温至 $40\sim60℃$,使油与水的密度差加大,增大浮力,使油易于上浮分离。

如果是由于装置本身污水泵选型所致,则应改选输液平稳的单螺杆泵或往复泵。

5.3 船舶防火防爆安全管理

5.3.1 轮机防火

火灾是一种危害性很大的事故。船舶在水上独立活动,地方狭小、设备集中、易燃物品多,火灾的潜在危害大。一旦船舶发生火灾,如不及时发现和扑灭,就会酿成大祸,使船舶遭到毁灭,给国家和人民的生命财产造成重大损失。因此,消防工作必须贯彻"以防为主、以消为辅"的方针。各船舶应配备足够的消防器材和设备,建立严密的消防组织及防患措施,在发生火警时应迅速投入施救。

1. 燃烧、自燃和爆炸

火是一种燃烧现象。燃烧是可燃物质和氧发生剧烈的化学反应的过程,在放出热量的同时又发出火光。燃烧必须具备三个必要的条件:第一是可燃物质,如木、煤、纸、布、油类等;第二是进行氧化反应所必需的足量空气(氧)或氧化物;第三是使可燃烧物质达到燃烧的温度,称为着火点(燃点)。通常,在开始燃烧前由外来火源促使可燃物质增温,当达到着火点后才开始燃烧。这三条又叫做"燃烧三要素",缺一不可。

爆炸有两种。一种是物理性爆炸,如气体受热膨胀,其压力超过容器的限度而发生爆炸。另一种是化学性爆炸,如易燃液体的蒸汽或可燃气体(粉尘)和空气以一定的比例混合后,瞬间发生剧烈的氧化反应,产生高温和高压,造成对周围环境的破坏现象。可燃蒸汽或气体的浓度太低或太高都不能形成爆炸性的混合物，而必须在一定的浓度内才能爆炸，这个范围叫爆炸极限，它的最低值和最高值分别叫做爆炸下限和爆炸上限。不同的可燃气体的爆炸极限都不相同。一般来说，石油气在空气中的含量达到1‰时，就认为有爆炸的危险。在过浓的状态下，虽然不会立即爆炸，但也是危险的，因为它随时会被空气冲稀变成爆炸性的气体。

2. 船舶火灾的原因

据统计，船舶火灾多数发生在货物装卸和修船期间，也有一些是在运输过程中发生的；大部分是由于工作失职、忽视防火安全制度、缺乏防火知识、违规操作等造成的。引起船舶失火的原因主要有以下几个方面。

(1) 明火或暗火引起的火灾。明火指有火焰的火，如火柴、气割、油灶的火等。暗火指没有火焰的火，如烟头、炭火星等。不论明火、暗火，稍有不慎或管理不严，很容易引起火灾，值得特别警惕。

明火或暗火引起的火灾的预防方法是对人员经常进行安全教育，严禁在甲板上、货舱口、物料间或存放易燃物品的舱室附近吸烟，严禁乱扔烟头、火柴梗等。应设置带盖的或盛水的烟缸或加了黄沙的烟灰缸，或指定吸烟的处所。对厨房用火要严格管理、谨慎操作，人员离开时要关好油管、熄灭火种，还要经常检查油灶的喷火器，如有漏气现象应及时修复。对于正在进行电焊或气割的场所，要派人备好灭火器具在旁守候，以便随时施救。工作完成后 24 h 内还要不断检查巡视。禁止私自使用敞开式电炉在舱室内烧煮食物。机舱、泵间易于积存油污，厨房排除油气的通风管道易于积存油垢，要经常清理。

(2) 热表面引起的火灾。排气管、过热蒸汽管、锅炉外壳等热表面，应有隔热材料妥善包扎。如因修理需要将隔热材料拆下，在修理结束后应立即将之恢复装妥。向日用燃油柜或油柜注油时，要防止溢油溅落热表面，装货时不要把易燃货物靠近货灯，装卸结束应立即切断货灯电源。不要使电灯泡或其他电热器靠近可燃物体（如纸张、布料、棉纱头等），以防止温度升高而起火。对正在运行中的机器，要经常检查机油的压力是否正常、转动部位是否得到润滑，防止摩擦发热，引起火灾。

(3) 火星引起的火灾。火星是从烟囱里飞出的、金属撞击产生的、气割吹开的等。火星具有较高的温度，可以引燃可燃物质，还会引起石油气体或其他可燃气体的爆炸。

要清除烟囱里飞出的火星，必须保证在气缸或炉灶中的正确燃烧，所有轮机人员要关心排烟的颜色和有无火星出现。厨工也要保证炉灶正常使用并定期清扫烟囱。油船上应防止一切工具从高处跌落。皮鞋后跟加铁钉也是油船上所不允许的。在装卸棉花、麻黄等易燃货物时，要加强值班，注意有无火星坠落在上面。

(4) 电气设备引起的火灾。电气设备引起的火灾的主要原因是短路、超负荷、线路设计不当、线路安装错误、电线老化、线路绝缘失效，以及乱拉电线，随意使用电炉、电熨斗等。

预防电气火灾要经常检查电线的质量，检查绝缘是否良好，对不符合要求的应及时更换，严禁任意增加电炉负荷、随便拉线加灯、使用电炉等设备。严禁换用加大熔丝，不得用钢丝、铜丝等代替熔丝。熔丝应接牢防止松动。

(5) 自燃起火。棉、麻、棕制品包括面纱、缆绳、破布、工作服等，凡沾有油脂的，如果暴露在空气里时间过长，都会氧化发热而自燃。所以，这些可能自燃的物质都要存放在阴凉通风的地方，离开热源。沾了油的棉纱头、破布等最好放在有盖的金属桶里，防止自燃后造成火灾。对化学危险品物件必须弄清其化学性质、物理性质和装载中的注意事项，凡不能混装的化工产品，在配装时应坚决将之隔离。

(6) 静电引起的火灾。油轮上的静电，也是引起船舶火灾的一个重要原因。

5.3.2 防火防爆安全制度

1. 船员日常防火防爆守则

"预防为主、防消结合"的八字方针是消防工作应遵守的普遍原则，无论是"防"还是"消"，人的因素是第一位的。"人"作为消防行为的主体，在船舶上更要强调对船员个人和群体的特殊要求。船舶火灾的预防，首先是责任意识，真正贯彻"以防为主"的方针；其次是熟练、准确的灭火协作。

对个人而言，每一个船员，无论其职责分工，都必须熟悉和掌握各种类型的消防器材的灭火性能、使用方法以及其操作使用程序。

对群体而言，关键在于人员的有效组织、配合和演练。因此，必须建立独立的消防体制，将掌握了消防知识和技能的船员组织成一个整体，确立人人是防火安全员的责任意识，增强群防的自觉性，落实"以防为主"。平时，应加强对船舶配备的消防器材的日常维护、保养、定期运转检查、更换，严格按照应变部署的要求，定期进行消防演习。通过假想的灭火内容，进行合练，以实战的要求、临战的态度、统一的指挥、科学的分工、群体的力量，发挥整体优势，确保良好的消防效果。

船员在船舶防火中都应有其责任和义务，具体如下。

(1) 平时必须对火灾的防范有高度的警惕性，严格遵守船舶防火规则，切实贯彻"以防为主、防消结合"的方针，杜绝一切火灾隐患，做到防患于未然。

(2) 熟悉船舶消防设备的技术性能和要求，经常检查和维护各种消防设备，保证设备处于良好的技术状态。

(3) 经常进行防火与灭火的训练，熟练掌握消防技术，能够正确有效地使用各种消防器材，熟悉各种救火警报及各人的职责，一旦发生火灾能有条不紊地进行消防工作。

因此，船舶火灾的预防，首先是责任意识，真正贯彻"以防为主"的方针。其次，熟练、准确的灭火协作是实现消防目标的重要保证。

2. 防火防爆预防措施

为预防船舶火灾发生，平时对船员宣传船舶消防工作的路线、方针、政策，使他们牢固树立"消防工作是每个船员义不容辞的责任"的观念。消防工作也关系到每个船员生命安全，应采取如下防火预防措施。

(1) 在货舱内、在装有易燃易爆品的甲板上或者装卸货物的甲板上禁止点火吸烟。

(2) 禁止在物料间、储藏室、机舱内吸烟。油船上的工作人员应到规定场所吸烟，并且不允许躺着吸烟。

(3) 烟头、火柴杆必须随手熄灭，放入注水的烟灰缸内，不准随便乱扔。

(4) 易燃易爆品不得私自存放，禁止随意烧纸、放焰火和鞭炮、玩弄救生信号弹等。

(5) 离开房间应随手关灯，靠近舷窗的灯尤应注意。航行中不得锁门睡觉，以免发生火灾时他人无法营救。

(6) 禁止私自移动使用明火电炉，使用电热器时必须有人看管，离开时关掉电源。

(7) 不准随意接、拆电线，不准擅自拉线装灯或乱拉收音机天线，不可用纱或布的灯罩。

(8) 用厨房炉灶做饭时，须有人看管，不得擅自离开。

(9) 废弃的棉纱头、破布应放在指定的金属容器内，不可随手乱扔。潮湿或油污的棉毛织品应及时处理，不能放在闷热的地方，防止自燃。

(10) 机舱、泵间易于积存污油，厨房排烟管易于积烟垢和油垢，要经常清理。

(11) 实行防火值班制度。对易于发生火灾的场所每班都要检查，记入"航海日志"。

(12) 应该按消防部署表定期进行消防训练，熟悉消防的应知应会内容。

除此之外，新船员（包括从外单位新调入的人员）在正式上船到上岗操作前，应进行安全教育，学习有关安全的规则、防火防爆常识，学习船舶生产特点，了解重点舱室和部位。上特种船舶（油船、化学品船、液化气船等）的船员，还应学习基本理化知识，学会使用一般灭火器材。新船员分配到船后，还应结合本船、本部门特点进行船上及部门安全教育。上述二级安全教育（公司、船、部门）应经常进行并逐步深化，当船舶运输生产时，安全教育内容也应及时响应充实。

3. 机舱火灾应急操作规程

（1）立即报告驾驶台，发出报警信号，以便船员按消防部署来协助施救。

（2）迅速查明火灾的来源、性质、种类和周围环境，使用相应的灭火器材进行扑救，力争控制火灾的蔓延，将火灾扑灭在初始阶段。

（3）灭火时应指派专人维持主、辅机的正常运转。

（4）如火势继续扩大，则应关闭部分通往火场的门窗和通风装置，将火场附近的易燃品，尤其是能引起爆炸的物品迅速搬开，使可燃物和助燃物的来源中断。启动消防水泵，用水枪保护消防人员和对可能蔓延到的设备、油柜、舱壁等进行冷却，并对准火源下方喷射。如空气瓶受到威胁，必须采取排气降压措施。启动舱底应急排水系统。

（5）机舱内已无力灭火时，由轮机长请示船长启动固定灭火系统灭火。启动前应发出信号，通知所有人员撤离机舱，并及时将设备断油、断电，或在机舱外应急关掉电源、切断油路，尽快封舱，启动固定灭火系统，同时正确外援。

（6）火灾扑灭后，继续封舱一段时间，然后仔细检查火场附近的情况，防止复燃。

4. 船舶灭火基本原则

（1）侦察火情，采取正确的灭火方法。侦察火情是扑灭火灾的首要一环，应查明着火部位、燃烧性质、火势蔓延方向、是否威胁易燃物品等。只有查明火情，才能采取正确的灭火方法。

（2）先控制后灭火。舱室失火时应首先关闭门窗，控制火的蔓延。现场灭火的顺序是：从下到上，从周围到中间，从上风侧到下风侧。

（3）统一指挥，密切配合。灭火现场必须由大副或值班驾驶员统一指挥（如机舱火灾现场由轮机长统一指挥），灭火人员按部署分工负责灭火、抢救、通信、救护等任务。一般在侦察火情的同时，控制火势、抢救人员、扑灭火源等工作都需同时进行，因此必须统一指挥、密切配合。

（4）彻底扑灭余火。尤其对甲类火，在明火被扑灭后，还应用水浇注扑灭内部火。在条件许可时，应清理火场，消灭余烬。

5.4 职务管理

5.4.1 职务和值班制度

1. 轮机长职务规则

(1) 轮机长为轮机部负责人,在船长的领导下负责轮机管理、技术和人员的管理工作;负责实施轮机部的值班制度,制定分工明细表,分派轮机部船员工作,督促贯彻执行。

(2) 对全船机电设备的技术管理及安全质量负责,有权采取安全措施制止违章操作和超负荷运转,保证机电设备处在正常技术状态。定期向所属机务部门或船队长汇报设备管理和安全运转情况,每月不少于两次。

(3) 编制全船机电设备的保养检修分工明细表和预防检修年度、月度计划。组织领导本部船员按期、按计划进行维护保养和自修工作,监督自修质量,确保轮机部设备的正常使用。

直接负责水线以下设备(包括轴系、推进器、海底阀)、水密门、机舱安全消防设备、油污水处理设备的保养和修理工作。

(4) 负责监督本部船员严格遵守规章制度、操作规程、技术定额和劳动纪律,完成各项经济、技术指标。督促执行船舶"三废"处理的有关规定,做好环境保护工作。当轮机人员有疑难问题时,应及时前往现场负责指导处理。

(5) 负责编制轮机部设备的计划修理申请书、修理单、航次及机损修理单,组织领导轮机部船员做好厂修配合工作和修理质量的监督验收工作。

(6) 检查并签署"轮机日记"和"车钟记录簿"。整理保管各项技术文件、图纸、说明书等,领导进行主、副机主要零部件的拆装测量,研究分析其不正常的磨损原因,做好记录。

(7) 制订燃润料、物料、工具和机电设备配件的领用计划,督促本部船员做好领取、保管、储存、节约使用等工作,编制燃润料、配件、材物料的消耗报表,保管测量器具和专用工具。

(8) 有计划地组织和领导本部门的技术业务学习,不断提高船员技术业务水平。负责提出本部门的船员的转正、定级、提升、调动、奖惩等意见。

(9) 轮机设备运转不正常时,应及时采取有效措施,防止事故的发生,并及时报告值班驾驶员。发生机损事故时，应迅速判断、正确处理、详细检查受损部位、全力抢修，及时向有关部门汇报，并按规定填报机损事故报告表。船舶遇险或发生火警时，应立即下机舱，在船长的统一指挥下，带领轮机部人员全力抢救。接到弃船命令时，应组织机舱人员携带"轮机日志"等重要技术资料离船。

（10）在船长领导下轮流值航行班和护船班，轮机员不在船时应担负轮机员工作。船舶机动航行（进出港口、靠离泊位、通过狭窄水道或在其他困难条件）时，应在机舱指导和监督值班人员操作。

2. 驾驶与轮机联系制度

（1）开航前

1）船长应提前24 h将预计开航时间通知轮机长，如停港不足24 h，应在抵港后立即将预计离港时间通知轮机长；轮机长应向船长报告主要机电设备情况、燃油和炉水储量，如开航时间变更，须及时更正。

2）航前1 h，值班驾驶员应会同值班轮机员核对船钟、车钟、试舵等，并分别将情况记入航海日志、轮机日志及车钟记录簿内。

3）主机试车前，值班轮机员应征得值班驾驶员同意。待主机备妥后，机舱应通知驾驶台。

（2）航行中

1）每天中午，驾驶台和机舱校对时钟、车钟。

2）船舶进出港，或过主要滩漕、运河、大桥，以及进出船闸、抛锚等需备车航行时，驾驶台应提前通知机舱准备。

3）如因等引航员、候潮、等泊等原因需短时间抛锚时，值班驾驶员应将情况及时通知值班轮机员。

4）因机械故障不能执行航行命令时，轮机长应组织抢修并通知驾驶台速报船长，并将故障发生和排除时间及情况记入航海日志和轮机日志。

5）轮机部如更换发电机、并车或暂时停电，应事先通知驾驶台。

6）在应变情况下，值班轮机员应立即执行驾驶台发出的信号，及时提供所要求的油、水、汽、电等。

7）船长和轮机长共同商定的主机各种车速，除非另有指示，值班驾驶员和值班轮机员都应严格执行。

8）船舶到港前，应对主机进行停、倒车试验，当无人值守的机舱因情况需要改为有人值守时，驾驶台应及时通知轮机员。

(3) 停泊中

1) 抵港后，船长应告之轮机长本船的预计动态，以便安排工作。动态如有变化应及时联系。机舱如需检修影响动车的设备，轮机长应事先将工作内容和所需时间报告船长，征得同意后方可进行。

2) 值班驾驶员应将装载货物情况随时通知轮机员，以确保安全供电。在装卸重大物件、特种危险品或使用重吊之前，大副应通知轮机长派人检查起货机，必要时还应派人职守。

3) 如因装卸作业造成船舶过度倾斜，影响机舱正常工作时，轮机长应通知大副或值班驾驶员采取有效措施予以纠正。

4) 对船舶压载的调整，以及可能涉及海洋污染的任何操作，驾驶员和轮机部门应建立起有效的联系制度，包括证书、通知和相应的记录。

5) 每次加装燃油前，轮机长应将本船的存油情况、计划加装的油舱、各舱加装数量告诉大副，以便计算稳性、水尺和调整吃水差。

3. 航行值班与交接班制度

(1) 航行值班

1) 负责领导并督促本班值班人员严格履行职责、坚守岗位、认真操作，不做与值班无关的事。

2) 严格按照设备说明书的规定及机电设备的操作规程进行操作管理，确保各项设备技术状况良好、运转情况正常。

3) 准备及时地执行驾驶台有关变速、换向的指令。因此，值班轮机员应对主机及其控制设备系统保持不间断地监视，其活动不得超出车钟信号的音响范围。对主机有遥控设备或设集中控制室的船舶，应在机舱报警信号呼叫范围以内活动。如进行巡回检查时，应指定专人留守，以便一旦呼叫时，能及时进行处理。

4) 按时对各项设备的运行情况进行巡回检查。对机舱的运行设备和舵机检查的间隔时间不得超过 1 h；对于其他设备每班至少检查 2 次。通过对柴油机及其他位置的密切监视，做到能及时发现和排除故障，以保持机电设备有效地安全运行。

5) 严格遵守环境保护法及海事部门有关规定，防止污染水域。认真做好机舱油类和含油污水的处理，并认真填写"油类记录簿"。

6) 领导并督促轮机值班人员及时做好油、水、汽、电的供应以及压载油、水的调驳等工作。经常保持机舱、地轴弄和常用工具的整洁。

7) 在保证安全值班的前提下按职责范围配合日常维修人员进行设备的试验、转换使用等工作。在维修期间,要确保设备、维修人员及航行的安全。

8) 在机电设备出现故障危及船舶安全航行时,应果断地采取有效措施予以排除。如需要减速或停车时,一般应先征得值班驾驶员的同意,如发生危及人身、机器设备安全的紧急情况时,也可先行停车,并立即报告值班驾驶员和轮机长。

9) 值班工作中有疑难无法自行解决时,可请轮机长下机舱处理并现场指挥。

10) 机舱出现火灾、进水、爆炸等紧急情况时,应立即查清情况、采取有效措施进行抢救,并及时报告值班驾驶员和轮机长。

11) 按照轮机日志记载规则的要求,认真记载轮机日志和车钟记录簿,每隔 2 h 记载轮机日志一次。

在航行过程中如轮机长进入机舱,只有在轮机长明确告知他已承担责任并双方理解时,值班轮机员方可停止履行其值班职责。

(2) 航行中的交接班

1) 交班轮机员必须提前做好各项交班准备,并向接班轮机员介绍以下情况。

①轮机长和值班驾驶员的通知、指示。

②机电设备的运转情况。

③曾经发生的问题及处理情况。

④下一班应继续完成的工作和注意事项。

2) 接班轮机员应提前 15 min 进入机舱进行现场交接。

3) 接班轮机员带领本班人员对运转中的各项机电设备按照各自的职责按顺序对规定的各个检查点进行全面查看,其主要内容如下。

①主、辅机及机电设备各部位的运转和润滑情况;温度、压力等仪表显示读数是否正常。

②轴系的运转和润滑情况。

③舵机运转、使用情况及应急舵的备用状态。

④配电屏、充电机、蓄电池等电气设备的仪表读数和各开关的使用情况。

⑤锅炉燃烧、气压、水位是否正常。

⑥备用发电机、其他辅机和消防设备系统的备用状态和各阀门的启、闭情况。

⑦日用燃、润油柜的油位显示,油量储存,残水排放及阀门启、闭情况;各类管系有无阻塞和泄漏现象。

⑧舱底积水排除情况,机舱、机电设备整洁和常用工具齐全归位等情况。

⑨防污设备的运行情况。

⑩轮机日志的记载情况。

4）交接清楚，接班人同意并在轮机日志上签字后，交班人方可下班。此后，机电设备的运行安全由接班轮机人员负责。

5）当机电设备发生严重故障或正处在紧急操作的险要航段时可暂缓交接。

6）交接双方如有争议请轮机长现场解决。

4. 停泊值班与交接班制度

(1) 停泊值班

1）船舶停泊时，必须留有不少于1/3的本工种船员值班。值班轮机员应督促检查轮机值班人员严格遵守护船制度，切实履行停泊值班职责。

2）经常进行巡回检查机电设备运转情况，如发生故障或值班机工有疑难时，应立即下机舱进行处理。

3）及时做好日常工作，保证生活所需的油、水、汽、电等供应。

4）遵守当地环保规定，防止含油污水排出舷外。

5）遵守气、电焊及明火规定。

6）对日常检修项目，应协助主管轮机员检查各项安全措施，以防发生事故。

7）当发生火灾、抢险等紧急情况时，如果轮机长和大管轮不在船上，值班轮机员应在值班驾驶员统一指挥下，组织轮机部在船人员进行全力抢救。

8）根据船长或值班驾驶员的通知，按时做好移泊和压载水的调驳工作。

9）主机试车前应通知并征得值班驾驶员的同意。

10）22：00以后，全面巡视检查机舱内各项机电设备至少一次，并记录于轮机日志内。

11）轮机长不在船上时，负责处理轮机部的日常工作和接待事务。

船舶进厂修理期间，轮机员应轮流值班。根据与厂方签订的合同，配合船厂做好机舱防火、防盗、防进水、防机件损坏、防人身伤亡等安全工作。修船工人下班及22：00以后，应检查机舱各修理场所是否有不安全因素，如发现问题，应及时消除，并记入轮机日志内。

(2) 停泊中的交接班

1）每日8：00为值班人员的交接时间，值班和不值班轮机员都要对自己的主管设备进行维修保养，但值班轮机员不得承担妨碍其安全值班的其他任务。

2）值班轮机员应了解当天要进行的检修工作，以保证机电设备运行和人员的安全。

3)交接轮机员应向接班轮机员介绍如下情况。

①使用中的机电设备运转情况。

②曾经发生的问题和处理情况。

③应继续完成的工作和注意事项。

④防火与安全保护措施。

⑤轮机长和船长的指示。

4)接班轮机员同意接班,并在轮机日志上签字后,交接方可结束。如有争议,应请轮机长处理。

5.4.2 轮机文件及资料管理

1. 文件资料

文件资料是指船舶建造、安装及各种试验的资料,主要包括船体部分文件资料和轮机部分文件资料。

(1)船体部分的文件资料。船体部分的文件资料主要是船体设计建造图纸及表格,其中包括船体总布置图、肋骨线型图、基本结构图、外板展开图、静水力曲线图以及重心和稳性计算等各种表格。了解这部分资料,对于轴系及海损事故的分析及应急处理极为有利。

(2)轮机部分的文件资料

1)设备证书,包括制造厂的保证书。

2)规章制度,包括公司颁布的各种规章制度以及本船制定的规章制度。

3)函件,包括上级的通知和指示。

4)电报。

5)各类修船计划。

6)总结、航次报告、各项报告。

7)备件、属具、材物料的领用计划、申领单、报销单据等。

8)修理单。

9)其他有关文件和船内联系报表、单据等。

10)公用书籍、资料。

(3)文件资料的管理

1)轮机长是轮机部档案的汇集建档和保管者。

2)全部档案应建立清册。各项文件应按其内容性质分类立卷,且有目录附在卷首。

3）不论发送文件的底稿或收入的文件，均须由轮机长审阅签署、注明日期，处理完毕后方能入卷。

4）所有密件均需设立专卷，由轮机长亲自保管。

5）除特殊情况外，档案一般不得外借，如因特殊原因借出档案时，保管人必须取得借条并负责收回。

6）档案内的文件部分存船 5 年，如无需要，可送公司保存。

2．技术资料

(1) 船舶资料簿。

(2) 技术图纸。

(3) 设备说明书。

(4) 验船师检验报告。

(5) 试验报告。

(6) 化验报告。

(7) 检修及测量记录。

(8) 技术资料管理

1）技术资料保管由轮机长总负责，具体可按分工明细表同各主管轮机员分别负责保管。

2）技术资料均应编号并记载在清册和清单中，轮机长应定期清点。

3）如技术图纸和说明书有短缺，可申请公司设法补齐。

4）轮机长应领导船员做好各种部件的测量和检修记录并负责核对，以保证其正确性。

5）技术资料应保持完整和清洁，不得擅自外借。

6）技术资料保管人在离职时，均应根据清单向接替人逐件点清。

3．机舱各种记录簿的使用、保管要求及查阅要点

(1) 各种设备的出厂资料和新船试航资料应作为标准数据，是比较和计算的基点。

(2) 注明记录的参数是在修理前或修理后测量的，记录进行过何种修理，更换过何种备件。

(3) 注意动力机械所用燃料和润料的种类、数量，以及是否更换过型号。

(4) 注意船舶是处于正常营运状态还是停航状态，以便分析参数是否与船舶状态相符。

(5) 注意测量的时间、航区和季节，便于比较不同的环境条件。

5.4.3 相关法律法规

1. 船员条例

为了加强船员管理、提高船员素质、维护船员的合法权益、保障水上交通安全、保护水域环境，2007年4月14日，《中华人民共和国船员条例》以第494号国务院令发布，并于2007年9月1日起施行。

该条例要求所有在船舶上任职的船长、高级船员及普通船员均应按照要求进行注册，并取得船员服务簿；要求参加航行和轮机值班的船员，应当依照规定取得相应的船员适任证书。此外，对船员的职责、船员职业保障、船员培训、船员服务及法律责任等作了相应的规定，现简要介绍如下。

(1) 船员的职责

1) 船员在船工作期间应当符合的条件

①携带该条例规定的有效证件。

②掌握船舶的适航状况和航线的通航保障情况，以及有关航区气象、海况等必要的信息。

③遵守船舶的管理制度和值班规定，按照水上交通安全和防治船舶污染的操作规则操纵、控制和管理船舶，如实填写有关船舶法定文书，不得隐匿、篡改或者销毁有关船舶法定证书、文书。

④参加船舶应急训练、演习，按照船舶应急部署的要求，落实各项应急预防措施。

⑤遵守船舶报告制度，发现或者发生险情、事故、保安事件或者影响航行安全的情况，应当及时报告。

⑥在不严重危及自身安全的情况下，尽力救助遇险人员。

⑦不得利用船舶私载旅客、货物，不得携带违禁物品。

2) 船长的职权

①船长在其职权范围内发布的命令，船舶所有人员必须执行。高级船员应当组织下属船员执行船长命令，督促下属船员履行职责。

②船长管理和指挥船舶时，应当符合其职责要求。

③船长、高级船员在航次中，不得擅自辞职、离职或者中止职务。

④船长在保障水上人身与财产安全、船舶保安、防治船舶污染水域方面，具有独立决定权，并负有最终责任。船长为履行职责，可以行使下列权利。

a. 决定船舶的航次计划，对不具备船舶安全航行条件的，可以拒绝开航或者续航。

b. 对船员用人单位或者船舶所有人下达的违法指令，或者可能危及有关人员、财产和船舶安全或者可能造成水域环境污染的指令，可以拒绝执行。

c. 发现引航员的操纵指令可能对船舶航行安全构成威胁或者可能造成水域环境污染时，应当及时纠正、制止，必要时可以要求更换引航员。

d. 当船舶遇险并严重危及船舶上人员的生命安全时，船长可以决定撤离船舶。

e. 在船舶的沉没、毁灭等不可避免的情况下，船长可以决定弃船。但是，除紧急情况外，应当报经船舶所有人同意。

f. 对不称职的船员，可以责令其离岗。

船舶在海上航行时，船长为保障船舶上人员和船舶的安全，可以依照法律的规定对在船舶上进行违法、犯罪活动的人采取禁闭或者其他必要措施。

(2) 船员职业保障

1) 保险及劳动保护

①船员用人单位和船员应当按照国家有关规定参加工伤保险、医疗保险、养老保险、失业保险以及其他社会保险，并依法按时足额缴纳各项保险费用。

船员用人单位应当为在驶往或者驶经战区、疫区或者运输有毒、有害物质的船舶上工作的船员，办理专门的人身、健康保险，并提供相应的防护措施。

②船舶上船员生活和工作的场所，应当符合国家船舶检验规范中有关船员生活环境、作业安全和防护的要求。

船员用人单位应当为船员提供必要的生活用品、防护用品、医疗用品，建立船员健康档案，并为船员定期进行健康检查，防治职业疾病。

船员在船工作期间患病或者受伤的，船员用人单位应当及时给予救治；船员失踪或者死亡的，船员用人单位应当及时做好相应的善后工作。

2) 劳动合同及报酬

①船员用人单位应当依照有关劳动合同的法律、法规和中华人民共和国缔结或者加入的有关船员劳动与社会保障国际条约的规定，与船员订立劳动合同。

船员用人单位不得招用未取得本条例规定证件的人员上船工作。

②船员工会组织应当加强对船员合法权益的保护，指导、帮助船员与船员用人单位订立劳动合同。

③船员用人单位应当根据船员职业的风险性、艰苦性、流动性等因素，向船员支付合理的工资，并按时足额发放给船员，任何单位和个人不得克扣船员的工资。

船员用人单位应当向在劳动合同有效期内的待派船员，支付不低于船员用人单位所在地人民政府公布的最低工资。

④船员在船工作时间应当符合国务院交通主管部门规定的标准,不得疲劳值班。

船员除享有国家法定节假日的假期外,还享有在船舶上每工作2个月不少于5日的年休假。

船员用人单位应当在船员年休假期间,向其支付不低于该船员在船工作期间平均工资的报酬。

3) 关于船员的遣返

①船员在船工作期间,有下列情形之一的,可以要求遣返。

a. 船员劳动合同终止或者依法解除的。

b. 船员不具备履行船上岗位职责能力的。

c. 船舶灭失的。

d. 未经船员同意,船舶驶往战区、疫区的。

e. 由于破产、变卖船舶、改变船舶登记或者其他原因,船员用人单位、船舶所有人不能继续履行对船员的法定或者约定义务的。

②船员可以从下列地点中选择遣返地点。

a. 船员接受招用的地点或者上船任职的地点。

b. 船员的居住地、户籍所在地或者船籍登记地。

c. 船员与船员用人单位或者船舶所有人约定的地点。

③船员的遣返费用由船员用人单位支付。遣返费用包括船员乘坐交通工具的费用、旅途中合理的食宿及医疗费用和 30 kg 行李的运输费用。

④船员的遣返权利受到侵害的,船员当时所在地民政部门,应当向船员提供援助;必要时,可以直接安排船员遣返。民政部门为船员遣返所垫付的费用,船员用人单位应当及时返还。

(3) 船员培训和船员服务。申请在船舶上工作的船员,应当按照国务院交通主管部门的规定,完成相应的船员基本安全培训、船员适任培训。在危险品船、客船等特殊船舶上工作的船员,还应当完成相应的特殊培训。

(4) 法律责任

1) 违反条例的规定,以欺骗、贿赂等不正当手段取得船员服务簿、船员适任证书、船员培训合格证书、中华人民共和国海员证的,由海事管理机构吊销有关证件,并处 2 000 元以上 2 万元以下罚款。

2) 违反条例的规定,伪造、变造或者买卖船员服务簿、船员适任证书、船员培训合格证书、中华人民共和国海员证的,由海事管理机构收缴有关证件,并处2万元以上10万元以下罚款,有违法所得的,还应当没收违法所得。

3)违反条例的规定,船员服务簿记载的事项发生变更,船员未办理变更手续的,由海事管理机构责令改正,可以处1 000元以下罚款。

4)违反条例的规定,船员在船工作期间未携带本条例规定的有效证件的,由海事管理机构责令改正,可以处2 000元以下罚款。

5)违反条例的规定,船员有下列情形之一的,由海事管理机构处1 000元以上1万元以下罚款;情节严重的,并给予暂扣船员服务簿、船员适任证书6个月以上2年以下直至吊销船员服务簿、船员适任证书的处罚。

①未遵守值班规定擅自离开工作岗位的。
②未按照水上交通安全和防治船舶污染操作规则操纵、控制和管理船舶的。
③发现或者发生险情、事故、保安事件或者影响航行安全的情况未及时报告的。
④未如实填写或者记载有关船舶法定文书的。
⑤隐匿、篡改或者销毁有关船舶法定证书、文书的。
⑥不依法履行救助义务或者肇事逃逸的。
⑦利用船舶私载旅客、货物或者携带违禁物品的。

6)违反条例的规定,船长有下列情形之一的,由海事管理机构处2 000元以上2万元以下罚款;情节严重的,并给予暂扣船员适任证书6个月以上2年以下直至吊销船员适任证书的处罚。

①未保证船舶和船员携带符合法定要求的证书、文书以及有关航行资料的。
②未保证船舶和船员在开航时处于适航、适任状态,或者未按照规定保障船舶的最低安全配员,或者未保证船舶的正常值班的。
③未在船员服务簿内如实记载船员的服务资历和任职表现的。
④船舶进港、出港、靠泊、离泊,通过交通密集区、危险航区等区域,或者遇有恶劣天气和海况,或者发生水上交通事故、船舶污染事故、船舶保安事件以及其他紧急情况时,未在驾驶台值班的。
⑤在弃船或者撤离船舶时未最后离船的。

7)船员适任证书吊销的,自被吊销之日起2年内,不得申请船员适任证书。

8)违反条例的规定,船员用人单位、船舶所有人有下列行为之一的,由海事管理机构责令改正,并处3万元以上15万元以下罚款。

①招用未依照本条例规定取得相应有效证件的人员上船工作的。

②中国籍船舶擅自招用外国籍船员担任船长或者高级别船员的。

③船员在船舶上生活和工作的场所不符合国家船舶检验规范中有关船员生活环境、作业安全和防护要求的。

④履行遣返任务的。

⑤船员在船工作期间患病或者受伤，未及时给予救治的。

2. 船员违法记分管理办法

为了增强我国船员遵章守法的意识，减少人为因素对水上交通安全的影响，根据有关法律和法规的规定，制定《中华人民共和国船员违法记分管理办法》。

(1) 主管机关。该办法规定，我国海事机构对船员因违反水上交通安全管理法规受到海事行政处罚的船员或船舶安全检查存在缺陷的当事船员或实际操作检查不合格的船员实施违法记分管理；对严重违法或屡次违法的船员实施强制培训和考试措施。

船员的违法行为包括以下几项。

1) 违反有关船舶管理、船员管理、通航管理、危险货物运输安全监督管理、防止船舶污染管理、船舶交通事故管理、航标管理秩序行为。

2) 其他违反有关水上安全监督管理秩序的行为。

(2) 违法记分。船员受到警告处罚的，对应的违法记分分值为 1 分。

船员受到罚款处罚的，罚款数额每 100 元对应违法记分值为 1 分，100 元及以下的对应违法记分值为 1 分。

罚款数额超过 1 500 元的对应违法记分值一律为 15 分。

海事机构进行船舶安全检查时，发现船舶存在缺陷，应对负有直接或间接责任的船员记 1 分；对船员实操检查不合格的船员，记 1 分；船员受到扣留内河船员职务适任证书（以下统称证书）处罚的，对应的违法记分分值分别为：

1) 证书被扣留 3 个月的，记 10 分。

2) 证书被扣留 3 个月以上的，记 15 分。

(3) 记分周期。初次申请证书的船员，自签发证书之日起开始记分。每一公历年为一个周期，一个周期期满后，分值累加未达到 15 分的，该周期内的分值不转入下一个记分周期。

船员在一个记分周期内违法记分满 15 分，海事机构将其证书滞留，该船员在 6 个月内到指定地点参加强制培训、考试。经培训、考试后合格，发还证书，记分重新起算。

3. 内河船舶船员考试和发证规则

为了提高内河船舶船员素质，保障水上人命和财产安全，保护水域环境，交通运输部根据《中华人民共和国船员条例》和《中华人民共和国内河交通安全管理条例》，于 2010 年 5 月 27 日经第 5 次部务会议通过了《中华人民共和国内河船舶船员适任考试和发证规则》，并于 2010 年 6 月 29 日公布，该规则自 2011 年 1 月 1 日起施行。

该规则共 5 章 32 条，主要规范了内河船员如何通过考试获取船员适任证书的相关事项，现简要介绍如下。

(1) 适任证书申请

1) 适任证书的类别

适任证书由国家海事管理机构统一印刷。

①适任证书按照船员任职的内河船舶的总吨位或者主推进动力装置的总功率分为以下类别。

a. 一类适任证书，适用于在 1 000 总吨及以上或者 500 kW 及以上的内河船舶上任职的船员。

b. 二类适任证书，适用于在 300 总吨及以上至 1 000 总吨或者 150 kW 及以上至 500 kW 的内河船舶上任职的船员。

c. 三类适任证书，适用于在 300 总吨以下或者 150 kW 以下的内河船舶上任职的船员。

②适任证书适用的船员职务：

a. 一类适任证书。船长、大副、二副、三副；轮机长、大管轮、二管轮、三管轮。

b. 二类和三类适任证书。船长、驾驶员；轮机长、轮机员。

③内河船舶船长和担任驾驶部职务船员的适任证书按照船舶总吨位确定，担任轮机部职务船员的适任证书按照船舶主推进动力装置总功率确定，内河船舶中拖轮的船长和担任驾驶部职务船员的适任证书按照拖轮的主推进动力装置的总功率确定。

2) 适任证书的获得

①取得适任证书，应当具备下列条件。

a. 已取得船员服务簿。

b. 符合国家管理机构规定的内河船舶船员任职岗位健康标准。

c. 经过相应的内河船舶船员适任培训。

d. 通过国家海事管理机构规定科目的内河船舶船员适任考试。

e. 具备规则附件1规定的内河船舶船员水上服务资历，并且任职表现和安全记录良好。

②曾经在军事船舶或者渔业船舶上担任驾驶部、轮机部职务的船员，以及曾经在海船上担任船长或者驾驶部职务并持有有效海船船员适任证书的船员，具备下列条件的，可以申请相应的适任证书。

a. 拟申请职务的等级不高于其在军事船舶、渔业船舶或者海船上所任职务的等级。

b. 符合国家海事管理机构规定的内河船舶船员任职岗位健康标准。

c. 在军事船舶、渔业船舶或者海船上的水上服务资历能够与规则附件1规定的水上服务资历相适应，且任职表现和安全记录良好。

d. 通过国家海事管理机构规定科目的内河船舶船员适任考试。

③曾经在海船上担任轮机部职务的船员，具备适任证书条件2）的①中的 a)、b)、c) 项规定条件的，可以凭有效的海船船员适任证书直接申请对应的适任证书。

④已经取得适任证书，申请延伸航区（线）的，应当通过所申请航区（线）的适任考试。拟在内河危险品船、客船等特殊船舶上任职的，还应当完成相应的特殊培训并取得培训合格证明。

3）适任证书的有效期及换证

①适任证书的有效期不超过60个月。持证人具备下列条件的，可以在适任证书有效期届满前12个月内向原发证机构申请适任证书有效期延续。

a. 符合国家海事管理机构规定的内河船舶船员任职岗位健康标准。

b. 在适任证书有效期内，持证人在内河船舶任职船员不少于12个月，且符合下列情形之一的可换证。

ⅰ. 任职与适任证书所载类别、职务相同。

ⅱ. 任职与适任证书所载类别相同，但所任职务比适任证书所载职务低一级。

ⅲ. 任职与适任证书所载类别相同，但在低一类别适任证书所对应的船舶上任职。

c. 任职表现和安全记录良好可换证。

②持证人在适任证书有效期届满后12个月内向发证机构申请适任证书有效期延续的，除应当符合适任证书条件2）的①中的 a)、b)、c) 项规定条件外，还应当通过国家海事管理机构规定的同类别同职务内河船舶船员评估。

③适任证书损坏、遗失的，持证人可以向原发证机构申请补发适任证书。适任证书被依法扣留期间，适任证书不得申请补发。

4）申请适任证书应提交的材料

①初次申请适任证书的，可以向任何有相应类别适任证书发证权限的发证机构提出申请；已经取得适任证书，申请改变适任证书所载类别、职务的，应当向原发证机构提出申请。

a．初次申请适任证书，应当提交下列材料。

ⅰ．内河船舶船员适任证书申请表。

ⅱ．申请人身份证。

ⅲ．船员服务簿。

ⅳ．最近12个月以内的县级以上医疗机构出具的符合内河船舶船员任职岗位健康标准的体检证明。

ⅴ．符合发证机构要求规格、数量的照片。

ⅵ．内河船舶船员适任培训证明。

ⅶ．内河船舶船员适任考试成绩证明。

b．曾在军事船舶或者渔业船舶上担任驾驶部、轮机部职务的船员，申请适任证书的，可以向任何有相应类别适任证书发证权限的发证机构提交上述ⅰ、ⅱ、ⅲ、ⅳ、ⅴ、ⅶ项规定的材料，以及其在军事船舶、渔业船舶或者海船上的服务资历、任职表现和安全记录证明。

c．申请适任航区（线）扩大或者延伸的，应当向负责相应航区（线）发证工作的发证机构提交ⅰ、ⅱ、ⅶ项规定的材料。

d．拟在内河危险品船、客船等特殊船舶上任职的，应当向原发证机构提交内河船舶船员特殊培训合格证明。

②申请适任证书有效期延续的，应当向原发证机构提交ⅰ、ⅱ、ⅲ、ⅳ、ⅴ项规定的材料；须通过评估的，还应当提交相应的考试成绩证明。

③申请适任证书补发的，应当向原发证机构提交下列材料。

a．申请人身份证明。

b．在发行范围覆盖原适任证书所适用航区（线）范围的报纸上所登载的适任证书遗失声明（因适任证书遗失申请补发时适用）。

c．原适任证书原件（因适任证书损坏申请补发时适用）。

5）持证人任职不得高于适任证书所记载的类别和职务，也不得超出适任证书所记载的航区（线）。

(2) 适任考试

1）内河船舶船员适任考试分为理论考试和评估。理论考试应当以理论知识为主要考试内容，重点对内河船舶船员专业知识的分析、应用能力进行书面测试。评估应当通过对相应船舶、模拟器或者其他设备的操作等方式，对内河船舶船员专业知识综合运用、操作、应急等能力进行技能测评。

2）适任考试大纲、考试科目和考场规则由国家海事管理机构确定并公布。

3）申请适任考试者应当向任何有相应适任考试权限的考试机构提出申请。但是，申请适任航区（线）扩大或者延伸的，应当向负责相应航区（线）考试工作的考试机构提出申请。

申请适任考试者，应当提交下列材料。

①考试报名表。

②申请人身份证明。

③船员服务簿。

4）考试机构应当于适任考试开始 5 日前向申请人发放准考证，并告知申请人理论考试或者评估的时间、地点、查询考试成绩的途径等事项。

5）理论考试或者评估不合格者，可以自初次考试准考证签发之日起 2 年内申请补考。逾期不能通过全部理论考试和评估的，所有理论考试、评估成绩失效。

6）考试机构应当在考试结束后 30 日内公布考试成绩。参加适任考试者的成绩自理论考试全科目和评估均合格后 1 年内有效。

（3）法律责任

1）伪造、变造、买卖适任证书的，由海事管理机构对适任证书予以没收，处 2 万元以上 10 万元以下的罚款，有违法所得的，还应当没收违法所得。

2）隐瞒有关情况或者提供虚假材料申请适任证书的，发证机构不予受理或者不予签发适任证书，并给予警告；申请人在 1 年内不得再次申请与前次申请类别、职务资格相同的适任证书。

3）以欺骗、贿赂等不正当手段取得适任证书的，由发证机构或者其上级海事管理机构吊销适任证书，并处 2 000 元以上 2 万元以下罚款。

4）因违反本规则或者其他水上交通安全法规的规定，被海事管理机构吊销适任证书的，自被吊销之日起 2 年内，不得申请适任证书。因内河船舶发生交通事故后逃逸，被海事管理机构吊销适任证书的，自被吊销之日起 5 年内，不得申请适任证书。

4．其他相关法律法规

（1）船员注册管理方法。为规范船员注册管理，中华人民共和国交通运输部根据

船舶轮机员（环卫）（三级）
CHUANBO LUNJI YUAN

《中华人民共和国船员条例》，于 2008 年 5 月 4 日发布了该办法，并于 2008 年 7 月 1 日起开始施行。现将与内河船员相关事项简要介绍如下。

1）适用范围及主管机关。该办法适用于中华人民共和国境内的船员注册以及相关管理活动。

船员注册是指海事管理机构根据申请人的申请，经依法审查，对符合船员注册条件的予以登记，签发船员服务簿，准许申请人从事船员职业的行为。

交通运输部主管全国船员注册管理工作。中华人民共和国海事局负责统一实施全国船员注册管理工作。

负责管理中央管辖水域的海事管理机构和负责管理其他水域的地方海事管理机构（以下统称海事管理机构），依照各自职责具体负责船员注册以及相关管理工作。

2）船员注册的申请和受理

①船员注册申请可以向任何海事管理机构提出。船员注册申请可以由申请人本人提出，也可以由船员服务机构、船员用人单位代为提出。

②申请船员注册，应当具备下列条件。

a. 年满 18 周岁（在船实习、见习人员年满 16 周岁），但不超过 60 周岁。

b. 符合船员健康要求。

c. 经过海船船员、内河船舶船员基本安全培训，并经海事管理机构考试合格。

③申请船员注册，应当提交下列材料。

a 船员注册申请。

b. 居民身份证复印件。

c. 船员体格检查表。

d. 近期直边正面 5 cm 免冠白底彩色照片 2 张。

e. 内河船舶船员基本安全培训合格证明复印件。

申请人在提交居民身份证、内河船舶船员基本安全培训合格证明等复印件时，应当同时向海事管理机构出示原件。

船员注册的申请和受理工作应当按照《交通行政许可实施程序规定》的有关要求办理。

④海事管理机构将自受理船员注册申请之日起 10 日内作出注册或者不予注册的决定。对符合本办法规定的，应当给予船员注册，并签发船员服务簿。对不符合本办法规定的，将退回申请材料并书面说明理由。

⑤海事管理机构只会对船员赋予唯一的注册编号。已经注册的船员不得重复申请

船员注册。

3）船员注册的变更和注销

①有下列情形之一的，船员应当在 6 个月内向管理本人注册档案的海事管理机构申请办理船员注册变更手续。

a. 船员服务簿中记载的事项发生变化。

b. 相貌发生显著变化。

海事管理机构会将变更情况在船员服务簿中作相应记载或者换发新船员服务簿。

②船员有下列情形之一的，海事管理机构将注销船员注册，并予以公告。

a. 死亡或者被宣告失踪的。

b. 丧失民事行为能力的。

c. 依法被吊销船员服务簿的。

d. 本人申请注销注册的。

船员在劳动合同期间发生本条前两项情形的，船员服务机构或者船员用人单位应当向海事管理机构报告，并提交相关证明材料，由海事管理机构核实后依法予以注销。

海事管理机构吊销船员服务簿的决定，将向管理该船员注册档案的海事管理机构通报。

③申请人被依法吊销船员服务簿的，自被吊销之日起 5 年内不予重新注册。

4）船员服务簿管理

①船员服务簿是船员的职业身份证件，任何单位或者个人不得冒用、出租、出借、伪造、变造或者买卖。船员在船工作期间应当携带船员服务簿。

②船员服务簿应载明船员的姓名、性别、国籍、出生日期、住所、联系人、联系方式以及其他有关事项。

海事管理机构将会在船员服务簿中记载船员的安全记录、累计记分情况和违法情况。

③船员上船任职后和离船解职前，应当主动将船员服务簿提交船长办理船员任职、解职签注。

船长应当为本船船员办理船员任职、解职签注，并在船员服务簿中及时、如实记载其服务资历和任职表现。

船长的任职签注由离任船长负责签注，船长的解职签注由接任船长负责签注。

因船舶新投入运行、报废等特殊情况无离任或者接任船长时，船长的任职、解职，在境内由船舶靠泊地海事管理机构签注。

④船员服务簿记载页满或者损坏的,应当到管理本人注册档案的海事管理机构办理换发事宜,并提交下列材料。

a. 船员服务簿换发申请。

b. 近期直边正面5 cm免冠白底照片2张。

c. 记载页满或者损坏的船员服务簿。

⑤船员服务簿遗失,应当到管理本人注册档案的海事管理机构办理补发事宜,并提交下列材料。

a. 船员服务簿补发申请。

b. 相应证明文件。

c. 近期直边正面5 cm免冠白底彩色照片2张。

5)监督检查

①海事管理机构实施监督检查,可以询问当事人,向有关单位、船舶或者个人了解情况,查阅、复制有关资料。有关单位、船舶或者个人应当配合。

②海事管理机构将会保守被调查单位、船舶或者个人的商业秘密和个人隐私。

6)法律责任

①违反本办法的规定,以欺骗、贿赂等不正当手段进行注册并取得船员服务簿的,由海事管理机构吊销船员服务簿,并处2 000元以上2万元以下罚款。

②违反本办法的规定,伪造、变造或者买卖船员服务簿的,由海事管理机构收缴船员服务簿,并对违法个人处2万元以上5万元以下罚款,对违法单位处5万元以上10万元以下罚款,有违法所得的,还应当没收违法所得。

③违反本办法的规定,船员服务簿记载的事项发生变更,船员未办理变更手续的,由海事管理机构责令改正,并可以处1 000元以下罚款。

④违反本办法的规定,未进行船员注册而上船工作的,由海事管理机构责令其离岗。

⑤违反本办法的规定,船员在船工作期间未携带船员服务簿的,由海事管理机构责令改正,并可以处2 000元以下罚款。

⑥违反本办法的规定,船长未在船员服务簿内及时、如实记载船员服务资历和任职表现的,由海事管理机构处2 000元以上2万元以下罚款;情节严重的,并给予暂扣船员适任证书6个月以上2年以下直至吊销船员适任证书的处罚。

⑦违反本办法的规定,船员用人单位招用未经注册的人员上船工作的,由海事管理机构责令改正,处3万元以上15万元以下罚款。

（2）船舶最低安全配员规则。为确保船舶的船员配备足以保证船舶安全航行、停泊和作业，防治船舶污染环境，原交通部依据《中华人民共和国海上交通安全法》《中华人民共和国内河交通安全管理条例》和中华人民共和国缔结或者参加的有关国际条约，以部令2004年第7号文颁发了《中华人民共和国船舶最低安全配员规则》，并于2004年8月1日起施行。该规则共5章，27条，现将主要内容摘录如下。

1）使用范围及主管机关。该规则适用于中华人民共和国国籍的机动船舶的船员配备和管理。军用船舶、渔船、体育运动船艇以及非营业的游艇，不适用本规则。

中华人民共和国海事局是船舶安全配员管理的主管机关。各级海事管理机构依照职责负责本辖区内的船舶安全配员的监督管理工作。

规则所要求的船舶安全配员标准是船舶配备船员的最低要求。

2）具体要求

①船舶所有人（或者船舶经营人、船舶管理人，下同）应当按照本规则的要求，为所属船舶配备合格的船员，但是并不免除船舶所有人为保持船舶安全航行和作业增加必要船员的责任。

②船舶在航行期间，应配备不低于按规则附录所确定的船员构成及数量。高速客船的船员最低安全配备应符合原交通部颁布的《高速客船安全管理规则》（中华人民共和国交通部令2006年第4号）的要求。

③船舶所有人可以根据需要增配船员，但船上总人数不得超过经中华人民共和国海事局认可的船舶检验机构核定的救生设备定员标准。

④中国籍船舶应当按照本规则的规定，持有海事管理机构颁发的"船舶最低安全配员证书"。

在中华人民共和国内水、领海及管辖海域的外国籍船舶，应当按照中华人民共和国缔结或者参加的有关国际条约的规定，持有其船旗国政府主管机关签发的"船舶最低安全配员证书"或者等效文件。

⑤船舶在航行、停泊、作业时，必须将"船舶最低安全配员证书"妥善存放在船上备查。船舶不得使用涂改、伪造以及采用非法途径或者舞弊手段取得的"船舶最低安全配员证书"。

⑥船舶所有人应当按照本规则的规定和"船舶最低安全配员证书"载明的船员配备要求，为船舶配备合格的船员。

⑦中国籍、外国籍船舶在停泊期间，均应配备足够的掌握相应安全知识并具有熟练操作能力、能够保持对船舶及设备进行安全操纵的船员。

船舶轮机员（环卫）（三级）

无论何时，500总吨及以上（或者750 kW及以上）海船、600总吨及以上（或者441 kW及以上）内河船舶的船长和大副，轮机长和大管轮不得同时离船。

⑧船舶未持有"船舶最低安全配员证书"或者实际配员低于"船舶最低安全配员证书"要求的，对中国籍船舶，海事管理机构应当禁止其离港直至船舶满足本规则要求；对外国籍船舶，海事管理机构应当禁止其离港，直至船舶按照"船舶最低安全配员证书"的要求配齐人员，或者向海事管理机构提交由其船旗国主管当局对其实际配员作出的书面认可。

⑨对违反本规则的船舶和人员，依法应当给予行政处罚的，由海事管理机构依据有关法律、行政法规和规章的规定给予相应的处罚。

理论知识考试模拟试卷及答案

船舶轮机员（环卫）（三级）理论知识试卷

注 意 事 项

1. 考试时间：90 min。
2. 请首先按要求在试卷的标封处填写您的姓名、准考证号和所在单位的名称。
3. 请仔细阅读各种题目的回答要求，在规定的位置填写您的答案。
4. 不要在试卷上乱写乱画，不要在标封区填写无关的内容。

	一	二	三	总 分
得 分				

得 分	
评分人	

一、判断题（第1题～第20题。将判断结果填入括号中。正确的填"√"，错误的填"×"。每题1分，满分20分。）

1. 二力平衡公理和力的可传性原理适用于任何物体。（   ）
2. 流体与壁面接触时以导热和热对流两种方式进行的热传递过程，称为对流换热。（   ）
3. 机座变形的最大危害在于可能会导致曲轴运转中的断裂。（   ）
4. 机体上平面用于安装气缸盖，有平直度要求，安装时要进行检查。（   ）
5. 单体式气缸盖密封圈的作用是防止润滑油泄漏。（   ）
6. 气阀装置及其传动机构磨损是造成配气定时发生变化的原因之一。（   ）
7. 润滑油膜除了能减少摩擦功耗外，还具有防腐功能。（   ）
8. 检验船舶轴线应在晴天、阳光下进行。（   ）

9. 螺旋桨的空泡现象对螺旋桨工作是有害的。（　）

10. 操舵装置应具有转换迅速、可靠和互不影响的一套主操舵装置和一套辅操舵装置，或主操舵装置配备有两套以上的动力设备。（　）

11. 同步发电机并联运行中，有功功率的调节是通过改变发电机的励磁电流实现的。（　）

12. 船舶属于触电危险场所。（　）

13. 每天中午，驾驶台和机舱校对时钟、车钟。（　）

14. 电焊时，焊条直径的选择主要是根据焊接电流。（　）

15. 我国规定：对船舶发生海损或污染事故应立即向港监报告，对违章者按性质和情节轻重分别给予罚款处理，情节严重的交海事法院处理。（　）

16. 含油污水处理手段有二种：其一是直接排放，其二是集中储存排至岸上接收设备。（　）

17. 泡沫灭火系统的泡沫原液应 1 年申请化验一次，若失效，应更换。（　）

18. 船员违法记分最后记分的分值满 15 分，海事机构应将船员的证书滞留。（　）

19. 分公司要把设备管理和维修操作人员的技术培训纳入单位培训规划，通过不定期轮训进行相应培训。（　）

20. 机动船 9 人以下按人均 80 元发放，9 人以上按人均 60 元发放红旗设备奖励。（　）

得　分	
评分人	

二、单项选择题（第 1 题～第 60 题。选择一个正确的答案，将相应的字母填入题内的括号中。每题 1 分，满分 60 分。）

1. 某刚体上作用交于一点且互不平行但大小相等的三个力，则刚体（　）状态。

　　A. 一定处于平衡　　　　　　B. 一定处于不平衡

　　C. 不一定处于平衡　　　　　D. 一定处于合力为零的

2. 在热量转移过程中，伴随有能量形式转变的热传递是（　）。

　　A. 导热和热对流　　　　　　B. 热对流和热辐射

C. 导热和热辐射　　　　　　　D. 导热、热对流和热辐射

3. 下列图线中，（　　）用细点画线表示。

A. 尺寸线和尺寸界线　　　　　B. 节圆及节线

C. 不可见过渡线　　　　　　　D. 成规律分布的相同要素的连线

4. 灰口铸铁可用来制造（　　）。

A. 活塞　　　B. 活塞销　　　C. 连杆　　　D. 凸轮

5. 液力传动中，泵轮的作用是（　　）。

A. 把输入的机械能转变为工作液体的能量

B. 把工作液体的能量转变为输出的机械能

C. 对工作液体起导向作用

D. 把输入的机械能转变为输出的机械能

6. 储备浮力是指（　　）。

A. 船体的水密容积

B. 船体水密容积所能提供的浮力

C. 满载水线以上的船体水密容积

D. 满载水线以上的船体水密容积所能提供的浮力

7. 船舶绘制载重线标志的作用是（　　）。

A. 表示船籍

B. 表示该船的使用单位

C. 表示该船在核定航区应具有的最小干舷

D. 表示船舶的商标

8. 自由液面对稳性有危害是因为（　　）。

A. 产生横倾　　　　　　　　　B. 重心产生了竖向移动

C. 摇摆中会产生附加力矩　　　D. 以上三条之总和

9. 普通单主机船舶的操纵性主要靠（　　）来实现。

A. 螺旋桨　　　B. 主机　　　C. 锚　　　D. 舵

10. 在机座的钢质或铸铁垫块的上下接合面处，内河钢船建造规范对调整垫片的要求是（　　）。

A. 垫块必须是整体的，不允许加垫片

B. 允许加调整垫片，但最多不超过一片

C. 允许加调整垫片，但最多不超过二片

D. 新机安装不允许加垫片，经大修的柴油机安装时可加调整垫片，但最多不超过一片

11. 柴油机的气缸套安装在（　　）。

A. 曲轴箱中　　B. 机座中　　C. 机架中　　D. 机体中

12. 小型高速机组合式气缸盖有多个缸盖螺栓，上紧的正确顺序是（　　）。

A. 沿四周按顺时针或逆时针方向逐个进行

B. 从一端开始，向另一端逐对依次进行

C. 从两端开始，向中央交叉对称靠拢的顺序逐个进行

D. 从中央开始，向两端交叉对称展开的顺序逐个进行

13. 当所测压缩室高度大于说明书规定值时，（　　）其减薄量为实际测量与规定值之差。

A. 改用较薄气缸垫　　　　　　B. 改用较厚气缸垫

C. 无须调整　　　　　　　　　D. 改用较厚或轻薄气缸垫均可

14. 筒形活塞式柴油机，活塞的导向作用由（　　）承担。

A. 活塞头部　　B. 活塞中部　　C. 活塞裙部　　D. 缸套

15. 为防止连杆螺栓运转中自行松退所采用的止退措施中，不正确的是（　　）。

A. 开口销止退　　　　　　　　B. 螺纹部分镀铜止退

C. "8"字形串联钢丝止退　　　　D. 定位销止退

16. 引起柴油机气阀阀杆断裂的主要原因是（　　）。

A. 阀的启闭撞击疲劳断裂　　　B. 温度过高膨胀断裂

C. 气阀间隙小而膨胀断裂　　　D. 热应力过大而拉断

17. 柴油机喷油泵中有两对精密偶件，它们是（　　）。

A. 针阀与针阀体　　　　　　　B. 柱塞与柱塞套筒

C. 出油阀与柱塞套筒　　　　　D. 柱塞与出油阀

18. 回油孔式喷油泵的供油量大小是通过改变（　　）来实现的。

A. 柱塞行程的大小

B. 柱塞套筒的位置高低

C. 柱塞上的斜槽与套筒回油孔的相对位置

D. 供油凸轮在凸轮轴上的相对安装角

19. 运转中若发现高压油管很烫手且脉动强烈，可能的原因是（　　）。

A. 供油提前角太大　　　　　　B. 喷油泵柱塞偶件磨损过大

C. 喷油器针阀咬死在开启位置　　D. 喷油器孔堵塞严重

20. 润滑油在柴油机中不能起到的作用是（　　）。

A. 减少摩擦　　　　　　　　　B. 冷却、带走摩擦热

C. 防止摩擦面锈蚀　　　　　　D. 减少扭振

21. 电力启动系统的启动工作中若启动阻力过大，对启动电动机的过载保护方式是（　　）。

A. 启动电路的过载保护器跳闸

B. 主配电板的过载保护器跳闸

C. 电动机仍在转动但离合机构的摩擦片打滑

D. 启动按钮自动断开

22. 柴油机负荷不变，废气涡轮增压器增压压力与转速下降，并有异常响声且润滑油温度升高，原因可能是（　　）。

A. 压气机发生喘振　　　　　　B. 喷嘴环堵塞

C. 涡轮叶片有断裂　　　　　　D. 轴承损坏

23. 柴油机废气涡轮增压器的喘振现象（　　）。

A. 只发生在压气机上

B. 只发生在废气涡轮上

C. 压气机和废气涡轮都会发生

D. 单独废气涡轮增压时只发生在压气机上，复合式增压时压气机和废气涡轮都会发生

24. 在实际船舶中，推进轴系的曲折和偏移总是存在的，如果总偏移量和总曲折量在允许的范围内（即合格范围），那么，这偏移和曲折应安排在（　　）。

A. 主机输出端法兰处　　　　　B. 尾轴法兰处

C. 中间轴各法兰处　　　　　　D. 以上选项均可以

25. 吸入管或轴封漏气，会造成离心泵（　　）。

A. 起动后不能供液　　　　　　B. 流量不足

C. 电动机过载　　　　　　　　D. 振动过大和产生异声

26. 为防止船用空压机排出压力过高，在结构上设置（　　）。

A. 旁通阀　　B. 安全阀　　　　C. 卸载阀　　　D. 回流阀

27. 先导式溢流阀主阀上的阻尼孔堵塞，可使系统（　　）。

A. 油压大于正常调定值　　　　B. 压力过低

C. 压力脉动加剧　　　　　　　　D. 产生异常噪声

28. 船舶操舵装置中的舵机所产生的力矩应（　　）。

A. 等于转船力矩　　　　　　　　B. 大于转船力矩

C. 小于转舵力矩　　　　　　　　D. 略大于水动力矩

29. 闭合电路中产生电流的根本原因是（　　）。

A. 电位　　　B. 电压　　　C. 电动势　　　D. 电场力

30. 三相异步电动机轻载运行时，三根电源线突然断了一根，这时会出现（　　）现象。

A. 能耗制动、直至停转

B. 电动机继续转动，但电流增大，电动机发热

C. 反接制动后，电动机反转

D. 由于机械摩擦存在，电动机缓慢停车

31. 同步发电机接（　　）负载，其输出电压随输出电流的增加而（　　）。

A. 感性　增加　　　　　　　　　B. 容性　减少

C. 感性　减少　　　　　　　　　D. 电阻性　增加

32. 换向极在直流电动机中的作用是（　　）。

A. 改善换向，减少换向时引起的火花

B. 稳定电枢电流

C. 增加发电机的电枢电压

D. 将电枢绕组中的交流变为直流

33. 主配电板出现超负荷而跳闸，合闸前应（　　）。

A. 先停发电机　　　　　　　　　B. 先卸除次要负载

C. 先减小柴油机供油量　　　　　D. 先卸除所有负载

34. 高度危险（潮湿、有导电粉末、金属品较多）的建筑物中，安全电压为（　　）V。

A. 12　　　B. 24　　　C. 36　　　D. 50

35. 在驾驶室内，照明灯具大多采用（　　）灯具。

A. 防护式　　B. 防爆式　　C. 防溅式　　D. 防水式

36. 船舶航行中，值班轮机员受轮机长领导，同时又受（　　）指挥。

A. 驾驶员　　B. 大副　　　C. 值班驾驶员　　D. 机工长

37. 黑铁管在船上一般是用作输送（　　）的管路。

A. 高压空气　　　B. 江水　　　　　C. 淡水　　　　　D. 低压燃油

38. 在加装燃油前，受油双方供油速度与联络信号的确定应由（　　）完成。

A. 轮机长与供油方人员　　　　　B. 大副与供油方人员
C. 值班轮机员与供油方人员　　　D. 加油工与供油房

39. 燃油混入润滑油中，会使用润滑油黏度（　　），酸值（　　）。

A. 升高　不变　　B. 不变　升高　　C. 下降　升高　　D. 下降　降价

40. 配件的领取必须得到（　　）审批同意，否则配件部门不予发放。

A. 船长　　　　　　　　　　　　B. 轮机长
C. 机务管理部门　　　　　　　　D. 公司经理

41. 船舶在机动航行时，突遇跳闸停电，值班轮机员不正确的做法是（　　）。

A. 立即起动备用机组迅速供电，并通知驾驶台
B. 原动机若没停车而跳闸，应去掉次要负载，迅速合闸并通知驾驶台
C. 如驾驶台急于用车，必须不考虑后果，立即执行驾驶台用车命令
D. 立即停发电原动机，然后通知电机员下机舱检查配电情况

42. 在存有易爆炸、易燃物的舱内及在燃料油舱、煤舱内，应采用（　　）。

A. 一般形式的行灯　　　　　　　B. 防爆灯具
C. 日光灯　　　　　　　　　　　D. 白炽灯

43. （　　）操作中，可以带手套作业。

A. 砂轮机作业　　　　　　　　　B. 钻床作业
C. 起重作业　　　　　　　　　　D. 轮机维修作业

44. 船舶在机舱部位发生搁浅时，值班轮机员首先考虑要做的事是（　　）。

A. 准备好舱底水系统，关搁浅一舷海底阀，换另一舷海底阀
B. 加大油门，冲出浅滩
C. 按轮机长命令操作主机，测量有关油位
D. 全上盘车机，检查轴系情况

45. 我国防污染条例规定：150总吨及以上的油轮、400总吨及以上的非油轮必须具备的防污染证书是（　　）。

A. 油类记录簿　　　　　　　　　B. 轮机日志
C. 航海日志　　　　　　　　　　D. 防止油污染证书

46. （　　）是利用多孔性吸附材料直接吸附含油污中的油滴，以达到分离目的。

A. 重力分离　　　B. 吸附分离　　　C. 直接分离　　　D. 化学分离

47. 油水分离器的分离效果与（　　）直接有关。

   A. 油水分离器的结构和内部清洁情况

   B. 油水的乳化程度

   C. 污水含油的浓度

   D. 污油的品种

48. 当可燃气体浓度高于爆炸极限上限时，会（　　）。

   A. 爆炸、燃烧　　　　　　　　B. 燃烧、不爆炸

   C. 爆炸、不燃烧　　　　　　　D. 不爆炸、不燃烧

49. 二氧化碳瓶的瓶体一般涂红色且写有（　　）色"CO_2"字样。

   A. 红　　　　B. 黑　　　　C. 蓝　　　　D. 黄

50. 船舶在寒冷季节时，（　　）系统使用后应放尽残水。

   A. 消防水　　B. 压载水　　C. 卫生水　　D. 日用淡水

51. 船舶经重大机损、海损事故后，应申请（　　）检验。

   A. 特别　　　B. 损坏　　　C. 临时　　　D. 船级

52. 机舱舱底水应急吸入阀应每（　　）个月进行开关活络检查，每年打开彻底检查、清洁、涂油保养。

   A. 1　　　　B. 3　　　　C. 6　　　　D. 12

53. 除特殊情况外，档案一般不得外借，如因特殊原因借出档案时，（　　）必须取得借条并负责收回。

   A. 二管轮　　B. 大管轮　　C. 轮机长　　D. 保管人

54. 船员在船上工作时间应当符合（　　）的规定。

   A. 地方劳动局　　　　　　　　B. 海事管理机构

   C. 用人单位　　　　　　　　　D. 水上公安

55. 普通船员包括（　　）。

   A. 船长　　　　　　　　　　　B. 高级船员

   C. 船长和高级船员　　　　　　D. 船长以外的人员

56. 船员"安全记录良好"是指最近（　　）个月内未发生负有直接责任的大事故以上等级事故。

   A. 12　　　　B. 18　　　　C. 24　　　　D. 30

57. （　　）视为违章情节严重，给予3～6个月的处罚。

   A. 在航次中和作业场所饮酒

B. 特殊工种无证操作

C. 同一当事人年内发生二次以上未穿救生衣或睡岗的

D. 未按规定穿工作服

58. 公司设备主管部门将采取不定期抽查方式来抽查分公司的设备状况，抽查平均分必须达到（　　）分以上才能入围优胜单位的评比。

A. 60　　　　B. 70　　　　C. 80　　　　D. 90

59. 获得公司级红旗设备，在原有基础上人均加奖（　　）。

A. 50%　　　B. 100%　　　C. 150%　　　D. 200%

60. 货机驳班组核定船员为（　　）人。

A. 10　　　　B. 12　　　　C. 14　　　　D. 16

得　分	
评分人	

三、多项选择题（第1题～第20题。选择正确的答案，将相应的字母填入题内的括号中。每题1分，满分20分。漏选或错选均不得分。）

1. 用实验法测定其重心的位置是（　　），在工程上最常用的是悬挂法。

A. 形状复杂的物体　　　　B. 非均匀物质物体

C. 集合物体　　　　　　　D. 形状规则的物体

2. 关于碳素钢的分类，下列叙述正确的是（　　）。

A. 按质量可分为普通、优质和高优质

B. 按组织可分为F. P. P+Fe_3C 类

C. 按成分可分为低、中、高碳3类

D. 按冶炼方法可分为转炉、平炉和电炉3类

3. 下列四项中，可能会导致在气阀重叠角期间产生废气倒流的是（　　）。

A. 进气提前角过大　　　　B. 进气延迟角过大

C. 排气提前角过大　　　　D. 排气延迟角过大

4. 手用气门铰刀是成套工具，有四种不同角度的绞刀，它们是（　　）。

A. 15°　　　B. 30°　　　C. 45°　　　D. 60°

E. 75°　　　F. 85°

5. 以下现象会对配气定时产生影响的是（　　）。

A. 凸轮磨损　　　　　　　　B. 气阀间隙不准确

C. 顶杆弯曲变形　　　　　　D. 定时齿轮磨损

E. 定时齿轮装错

6. 柴油机换下的报废润滑油正确的处理方法是（　　）。

A. 航行至允许倾倒废油的水域时排入江海

B. 经沉淀处理后用作尾管润滑油

C. 经沉淀处理后，用作厨房油炉灶的燃料

D. 留存移交废油回收单位

7. 下列六项中属于影响燃油雾化质量的因素是（　　）。

A. 喷油泵柱塞运动速度　　　B. 喷油压力

C. 气缸中空气温度　　　　　D. 燃油黏度

E. 气缸中空气压力　　　　　F. 喷油器喷孔直径

8. 对换向阀性能方向的要求是（　　）。

A. 换向冲击小　　　　　　　B. 油口间的泄漏损失要小

C. 阀进出口间的损失要小　　D. 换向频率要低

9. 对称的三个电压是（　　）。

A. 三相的电压值相等　　　　B. 三相电压的频率相等

C. 三相电压的相位互差120°　D. 三相电压的相位互差180°

10. 若触电者呼吸、脉搏、心脏都停止了，应（　　）。

A. 认为已死亡　　　　　　　B. 送医院或等大夫到来再作死亡验证

C. 立即进行人工呼吸　　　　D. 人工心脏按压

11. 按我国对燃油的分类和规格，轻柴油有（　　）五个牌号。

A. 10#　　B. 15#　　C. 30#　　D. 0#

E. －10#　　F. －20#　　G. －35#

12. 关于柴油机拉缸的应急处理措施不正确的是（　　）。

A. 立即停车　　　　　　　　B. 减少气缸油注入

C. 加强气缸冷却　　　　　　D. 降速

13. 关于"油类记录簿"的填写，下述说法正确的（　　）。

A. "油类记录簿"应逐行、逐页使用，不得留有空白

B. "油类记录簿"所要求记录的细节，应按年月日顺序记录

C. "油类记录簿"要求记录的细节,可以不按年月日顺序记录

D. 以上都不对

14. 港口防污染处理设施主要有( )。

A. 油污处理场   B. 油污处理船

C. 水面溢油围集   D. 垃圾处理船

15. 水灭火系统由消防泵( )、消防水带和水枪组成。

A. 消防水管   B. 消防栓   C. 手提式灭火器   D. 黄沙箱

E. 太平斧

16. 气阀间隙过大会使气阀( )。

A. 开启的提前角增大   B. 开启的提前角减小

C. 关闭的延迟角增大   D. 关闭的延迟角减小

17. 下述说法正确的是( )

A. 轮机部档案的汇集建档,由轮机长负责

B. 所有轮机部发出文件的底稿或收入的文件均须轮机长审阅签署

C. 所有密件均由轮机长或大管轮保管

D. 所有密件由加油工保管

18. 制定《中华人民共和国船员条例》的宗旨是( )。

A. 加强船员管理   B. 提高船员素质

C. 维护船员的合法权益   D. 保障水上交通安全

E. 保护水域环境

19. 申请适任考试者应当提交( )材料。

A. 考试报名表   B. 申请人身份证明

C. 船员服务簿   D. 符合考试机构要求的规格、数量的照片

E. 适任证书申请表   F. 适任培训证书

20. 从业人员因工作遭受( )可以参照工伤假待遇。

A. 事故伤害   B. 意外伤害

C. 上下班途中遭遇车祸   D. 患职业病

船舶轮机员（环卫）（三级）理论知识试卷答案

一、判断题（第 1 题～第 20 题。将判断结果填入括号中。正确的填"√"，错误的填"×"。每题 1 分，满分 20 分。）

1. ×　　2. √　　3. √　　4. √　　5. ×　　6. √　　7. √
8. ×　　9. √　　10. √　　11. ×　　12. √　　13. √　　14. ×
15. ×　　16. ×　　17. √　　18. √　　19. ×　　20. √

二、单项选择题（第 1 题～第 60 题。选择一个正确的答案，将相应的字母填入题内的括号中。每题 1 分，满分 60 分。）

1. C　　2. C　　3. B　　4. A　　5. A　　6. D　　7. C　　8. D　　9. D
10. A　　11. D　　12. D　　13. A　　14. C　　15. D　　16. A　　17. B
18. C　　19. D　　20. D　　21. C　　22. D　　23. A　　24. C　　25. A
26. B　　27. B　　28. D　　29. C　　30. B　　31. C　　32. A　　33. B
34. C　　35. A　　36. C　　37. C　　38. C　　39. C　　40. C　　41. D
42. B　　43. C　　44. A　　45. C　　46. B　　47. A　　48. B　　49. D
50. A　　51. C　　52. B　　53. D　　54. B　　55. C　　56. C　　57. C
58. D　　59. A　　60. B

三、多项选择题（第 1 题～第 20 题。选择正确的答案，将相应的字母填入题内的括号中。每题 1 分，满分 20 分。漏选或错选均不得分。）

1. AB　　2. ACD　　3. AD　　4. ABCE　　5. ABCDE　　6. BD
7. ABDEF　　8. ABC　　9. ABC　　10. CD　　11. ADEFG　　12. ABC
13. AB　　14. ABCD　　15. AB　　16. BD　　17. AB　　18. ABCDE
19. ABCD　　20. ACD

操作技能考核模拟试卷

操作技能考核模拟试卷

注 意 事 项

1. 考生根据操作技能考核通知单中所列的试题做好考核准备。

2. 请考生仔细阅读试题单中具体考核内容和要求，并按要求完成操作或进行笔答或口答，若有笔答请考生在答题卷上完成。

3. 操作技能考核时要遵守考场纪律，服从考场管理人员指挥，以保证考核安全顺利进行。

注：操作技能鉴定试题评分表及答案是考评员对考生考核过程及考核结果的评分记录表，也是评分依据。

国家职业资格鉴定
船舶轮机员（环卫）（三级）操作技能考核通知单

姓名：

准考证号：

考核日期：

试题 1

试题代码：1.1.1。

试题名称：海、淡水热交换器。

考核时间：15 min。

配分：10 分。

试题 2

试题代码：1.2.1。

试题名称：柴油机拉缸应急处理。

考核时间：15 min。

配分：10 分。

试题 3

试题代码：2.1.1。

试题名称：曲轴检测。

考核时间：30 min。

配分：30 分。

试题 4

试题代码：3.1.1。

试题名称：螺旋桨检测。

考核时间：30 min。

配分：25 分。

试题 5

试题代码：3.2.1。

试题名称：电动液压舵机调试。

考核时间：30 min。

配分：25 分。

船舶轮机员（环卫）（三级）操作技能鉴定试题单

试题代码：1.1.1。

试题名称：海、淡水热交换器。

考核时间：15 min。

1. 操作条件

解体斯特尔海、淡水热交换器一只（现场提供设备）。

2. 操作内容

（1）指出热交换器各组成部件。

（2）海、淡水热交换器使用维护。

3. 操作要求

（1）热交换器组成部分作用。

（2）海、淡水热交换器维护要点。

船舶轮机员（环卫）（三级）操作技能鉴定试题评分表

试题代码及名称			1.1.1 海、淡水热交换器		考核时间			15 min	
评价要素		配分	等级	评分细则	评定等级				得分
					A	B	C	D	E	
1	组成部分	5	A	了解海、淡水热交换器的组成全面、正确						
			B	错一项						
			C	错二项						
			D	错三项						
			E	差或未答题						
2	维护要点	5	A	了解海、淡水热交换器维护要点全面、正确						
			B	漏一项						
			C	漏二项						
			D	漏三项						
			E	差或未答题						
合计配分		10		合计得分						

考评员（签名）：

等级	A（优）	B（良）	C（及格）	D（差）	E（未答题）
比值	1.0	0.8	0.6	0.2	0

"评价要素"得分＝配分×等级比值。

参考答案：

1. 组成部分

(1) 淡水冷却器散热芯。

(2) 膨胀水箱。

(3) 下水槽。

(4) 锌棒。

(5) 出水口。

(6) 呼吸阀盖。

(7) 溢流室。

2. 维护要点

(1) 定期清洁冷却芯外端水垢和芯内泥垢。

(2) 重装时封水圈保持平整，位置正确。

(3) 经常清洁锌棒的表面积垢。

(4) 检查冷却芯管子是否脱焊烂穿，若个别管子烂穿，可将管子两端孔口闷死后继续使用。

船舶轮机员（环卫）（三级）操作技能鉴定试题单

试题代码：1.2.1。

试题名称：柴油机拉缸应急处理。

考核时间：15 min。

1. 操作条件

(1) 运行货机一艘（符合安全考试使用）。

(2) 随机工具一套。

2. 操作内容

按操作程序逐级做出规范处理。

3. 操作要求

(1) 发现拉缸按应急要求处理。

(2) 吊缸检查。

船舶轮机员（环卫）（三级）操作技能鉴定试题评分表

试题代码及名称		1.2.1 柴油机拉缸应急处理		考核时间			15 min	
评价要素	配分	等级	评分细则	评定等级				得分
				A	B	C	D	E	
1 拉缸应急处理	5	A	拉缸应急处理程序全面、正确						
		B	错一项						
		C	错二项						
		D	错三项						
		E	差或未答题						
2 吊缸检查	5	A	吊缸检查处理仔细、合理、正确						
		B	错一项						
		C	错二项						
		D	错三项						
		E	差或未答题						
合计配分	10		合计得分						

考评员（签名）：

等级	A（优）	B（良）	C（及格）	D（差）	E（未答题）
比值	1.0	0.8	0.6	0.2	0

"评价要素"得分＝配分×等级比值。

参考答案：

1. 拉缸时的应急处理

(1) 必须迅速降低转速，然后停车。

(2) 不间断地进行盘车，继续增加活塞冷却。

(3) 如因活塞咬死而不能盘车时，可待活塞冷却一段时间后，再行盘车使其活动。

(4) 活塞咬死的情况比较严重时，可向气缸内注入煤油，待活塞冷却后撬动飞轮或盘车。

(5) 边注入煤油，边用软金属敲打活塞顶，使其活动。

2. 吊车检查

(1) 应将活塞与缸套表面上的拉缸痕迹用油石仔细磨平。

(2) 损坏的活塞环必须换新。

(3) 若活塞和缸套损坏严重，应予以换新。

(4) 活塞装复后应进行磨合，磨合时应从低负荷开始逐渐地加负荷并连续运转。

船舶轮机员（环卫）（三级）操作技能鉴定试题单

试题代码：2.1.1。

试题名称：曲轴检测。

考核时间：30 min。

1. 操作条件

(1) 配 6135 型曲轴一根。

(2) 工作平台及教室 15 m^2。

(3) 磁性表座、千分表、套筒扳手、扭力扳手（30 kg）、抹布。

2. 操作内容

(1) 曲轴放在平台上。

(2) 转动曲轴一周。

(3) 测量曲轴使用情况。

3. 操作要求

(1) 按要求检测曲轴同心度偏差值。

(2) 按曲轴规范值检查每挡曲拐跳动值。

(3) 程序规范、动作熟练、数据正确。

船舶轮机员（环卫）（三级）操作技能鉴定试题评分表

试题代码及名称			2.1.1 曲轴检测		考核时间			30 min	
评价要素	配分	等级	评分细则	评定等级					得分
				A	B	C	D	E	
1 准备工作	15	A	检查前的准备工作全面、规范、正确						
		B	错一项						
		C	错二项						
		D	错三项						
		E	差或未答题						
2 径向圆跳动量测量	15	A	径向圆跳动量的检测规范、正确						
		B	错一项						
		C	错二项						
		D	错三项						
		E	差或未答题						
合计配分	30		合计得分						

考评员（签名）：

等级	A（优）	B（良）	C（及格）	D（差）	E（未答题）
比值	1.0	0.8	0.6	0.2	0

"评价要素"得分＝配分×等级比值。

参考答案：

1. 准备工作

(1) 检查前首先将轴承外圈清洁。

(2) 将首尾两档主轴承套上外圈。

(3) 搁置在"V"形铁块上。

(4) 将中间待测的主轴承也套上外圈。

(5) 将磁性表座固定在平台上。

(6) 千分表感应头压在轴承外圈上。

2. 径向圆跳动量测量

(1) 千分表调零。
(2) 缓慢转动曲轴一周。
(3) 观察表针上、下摆动量。
(4) 依次进行各挡检测。
(5) 6135 机的跳动量不大于 0.14 mm。
(6) 放松或拧紧贯穿两个曲轴的双头螺栓可调整径向圆跳动量。

船舶轮机员（环卫）(三级)
CHUANBO LUNJI YUAN

船舶轮机员（环卫）（三级）操作技能鉴定试题单

试题代码：3.1.1。

试题名称：螺旋桨检测。

考核时间：30 min。

1. 操作条件

(1) 螺旋桨模块。

(2) 直角三角尺、圆规、粉笔、铅笔、橡皮、纸张。

(3) 室外场地一块、教学工具。

2. 操作内容

按一般简易方法测量螺旋桨螺距。

3. 操作要求

(1) 螺旋桨螺距测量正确。

(2) 螺距计算正确。

船舶轮机员（环卫）（三级）操作技能鉴定试题评分表

试题代码及名称			3.1.1 螺旋桨检测		考核时间			30 min
评价要素	配分	等级	评分细则	评定等级				得分
				A	B	C	D	E
1 螺距的测量	10	A	螺距的测量全面、规范、正确					
		B	方法错一项					
		C	方法错二项					
		D	方法错三项					
		E	差或未答题					
2 螺距的计算	15	A	螺距的计算方法正确					
		B	数据填入错一项					
		C	数据填入错二项					
		D	数据填入错三项					
		E	差或未答题					
合计配分	25			合计得分				

考评员（签名）：

等级	A（优）	B（良）	C（及格）	D（差）	E（未答题）
比值	1.0	0.8	0.6	0.2	0

"评价要素"得分＝配分×等级比值。

参考答案：

1. 螺旋桨螺距的测量

(1) 测量螺旋桨直径（D），在平板上画一个圈。

(2) 再以2/3的半径（R）画一圈。

(3) 将螺旋桨液面朝上平放在平板上，并且使桨叶尖对准所画的大圆。

(4) 桨叶尖与所画的大圆重合。

(5) 用两个直角三角尺沿着$2/3R$圆周线量出桨叶的投影宽度（即弧长），叫做水

平宽度 (C)。

(6) 再量出随边 (b) 与导边 (a) 的高度。

2. 螺距的计算

(1) $H_1 = [2\pi \times 2/3 R (b-a)]/C$。

(2) 将各点所测数据填入式中，计算出螺旋桨的螺距。

船舶轮机员（环卫）（三级）操作技能鉴定试题单

试题代码：3.2.1。

试题名称：电动液压舵机调试。

考核时间：30 min。

1. 操作条件

(1) 适航运行发动机（货机）一艘。

(2) 适航舵机系统。

(3) 随车操作工具。

2. 操作内容

(1) 按适任船员等级操作。

(2) 开行前的电动液压舵机准备。

(3) 进行电动液压舵机系统调试。

3. 操作要求

(1) 开行前检查电动液压舵机。

(2) 按规范程序启动电动液压舵机。

船舶轮机员（环卫）（三级）操作技能鉴定试题评分表

试题代码及名称		3.2.1 电动液压舵机调试			考核时间		30 min	
评价要素	配分	等级	评分细则	\multicolumn{5}{c}{评定等级}	得分
				A	B	C	D	E	

评价要素	配分	等级	评分细则	A	B	C	D	E	得分
1　液压舵机调试	15	A	液压舵机调试检查程序规范、正确						
		B	漏检一项						
		C	漏检二项						
		D	漏检三项						
		E	差或未答题						
2　遥控机构的检查	10	A	遥控机构检查程序规范、正确						
		B	漏检一项						
		C	漏检二项						
		D	漏检三项						
		E	差或未答题						
合计配分	25		合计得分						

考评员（签名）：

等级	A（优）	B（良）	C（及格）	D（差）	E（未答题）
比值	1.0	0.8	0.6	0.2	0

"评价要素"得分＝配分×等级比值。

参考答案：

1. 液压舵机调试

(1) 每次开航前应会同值班驾驶员在驾驶室一起试舵。

(2) 验明主换向阀处于中位。

(3) 启动泵组，通知驾驶台试验。

(4) 将舵从0°转至一舷35°，然后回中。

(5) 此时，间断地开启压力侧油路上的放气阀排出空气。

(6) 观察电流、油压、密封和机电运转情况。

(7) 注意有无异常声响和气味。

(8) 核对转舵时间是否符合要求。

(9) 启动备用泵组,进行同样的检查。

2. 遥控机构的检查

(1) 接通遥控机构通知驾驶台试舵。

(2) 向两舷作 5°、15°、25°、35°的操舵试验。

(3) 观察运转情况,核对指令舵角、实际舵角和指示舵角是否一致。

(4) 检验是否有明显跑舵、滞舵现象。

(5) 试验完毕后,通知驾驶台停泵,等待开航。

附录

1. 内河交通安全管理条例

为了加强内河交通安全管理,维护内河交通秩序,保障人民群众生命、财产安全,2002年6月19日国务院通过《中华人民共和国内河交通安全管理条例》,自2002年8月1日起施行。条例共11章,95条,主要内容摘录如下。

(1) 适用范围。在中华人民共和国内河通航水域从事航行、停泊、作业及与内河交通安全有关的活动,必须遵守本条例。

(2) 主管机关。国务院交通主管部门主管全国内河交通安全管理工作。国家海事管理机构在国务院交通主管部门的领导下,负责全国内河交通安全监督管理工作。国务院交通主管部门在中央管理水域设立的海事管理机构和省、自治区、直辖市人民政府在中央管理水域以外的其他水域设立的海事管理机构(以下统称海事管理机构)依据各自的职责权限,对所辖内河通航水域实施水上交通安全监督管理。

(3) 主要内容

1) 船员经水上交通安全专业培训,其中客船和载运危险货物船舶的船员还应当经相应的特殊培训,并经海事管理机构考试合格,取得相应的适任证书或者其他适任证书,方可担任船员职务。严禁未取得适任证书或者其他适任证件的船员上岗。船员应当遵守职业道德,提高业务素质,严格依法履行职责。

2) 船舶、浮动设施的所有人或者经营人,应当加强对船舶、浮动设施的安全管理,建立、健全相应的交通安全管理制度,并对船舶、浮动设施的交通安全负责;不得聘用无适任证书或者其他适任证件的人员担任船员;不得指使、强令船员违章

操作。

3) 禁止伪造、变造、买卖、租赁、冒用船舶检验证书、船舶登记证书、船员适任证书或者其他适任证件。

4) 船舶在内河航行，应当悬挂国旗，标明船名、船籍港、载重线。按照国家规定应当报废的船舶、浮动设施，不得航行或者作业。

5) 载运危险货物的船舶，在航行、装卸或者停泊时，应当按照规定显示信号；其他船舶应当避让。

6) 渡口工作人员应当经培训、考试合格，并取得渡口所在地县级人民政府指定的部门颁发的合格证书。

7) 渡口载客船舶应当有符合国家规定的识别标志，并在明显位置标明载客定额、安全注意事项。渡口船舶应当按照渡口所在地的县级人民政府核定的路线渡运，并不得超载；渡运时，应当注意避让过往船舶，不得抢航或者强行横越。遇有洪水或者大风、大雾、大雪等恶劣天气，渡口应当停止渡运。

8) 船舶、浮动设施遇险，应当采取一切有效措施进行自救。船舶、浮动设施发生碰撞等事故，任何一方应当在不危及自身安全的情况下，积极救助遇险的他方，不得逃逸。船舶、浮动设施遇险，必须迅速将遇险的时间、地点、遇险状况、遇险原因、救助要求向遇险地海事管理机构以及船舶、浮动设施所有人、经营人报告。

9) 船员、浮动设施上的工作人员或者其他人员发现其他船舶、浮动设施遇险，或者收到求救信号后，必须尽力救助遇险人员，并将有关情况及时向遇险地海事管理机构报告。

10) 船舶、浮动设施遇险时，有关部门和人员必须积极协助海事管理机构做好救助工作。遇险现场和附近的船舶、人员，必须服从海事管理机构的统一调度和指挥。

11) 船舶、浮动设施发生交通事故，其所有人或经营人必须立即向交通事故发生地海事管理机构报告，并做好现场保护工作。

12) 接受海事管理机构调查、取证的有关人员，应当如实提供有关情况和证据，不得谎报或者隐匿、销毁证据。

13) 违反本条例的规定，船舶未按照国务院交通主管部门的规定配备船员擅自航行，或者浮动设施未按照国务院交通主管部门的规定配备掌握水上交通安全技能的船员擅自作业的，由海事管理机构责令限期改正，对船舶、浮动设施所有人或者经营人处 1 万元以上 10 万元以下的罚款；逾期不改正的，责令停航或者停止作业。

14）违反本条例的规定，未经考试合格并取得适任证书或者其他适任证件的人员擅自从事船舶航行的，由海事管理机构责令其立即离岗，对直接责任人员处 2 000 元以上 2 万元以下的罚款，并对聘用单位处 1 万元以上 10 万元以下的罚款。

15）违反本条例的规定，伪造、变造、买卖、转借、冒用船舶检验证书、船舶登记证书、船员适任证书或者其他适任证件的，由海事管理机构没收有关的证书或者证件；有违法所得的，没收违法所得，并处违法所得 2 倍以上 5 倍以下的罚款；没有违法所得或者违法所得不足 2 万元的，处 1 万元以上 5 万元以下的罚款；触犯刑律的，依照刑法关于伪造、变造、买卖国家机关公文、证件罪或者其他罪的规定，依法追究刑事责任。

16）违反本条例的规定，船舶、浮动设施的所有人或者经营人指使、强令船员违章操作的，由海事管理机构给予警告，处 1 万元以上 5 万元以下的罚款，并可以责令停航或者停止作业；造成重大事故或者严重后果的，依照刑法关于重大责任事故罪或者其他罪的规定，依法追究刑事责任。

17）违反本条例的规定，阻碍、妨碍内河交通事故调查取证，或者谎报、隐匿、毁灭证据的，由海事管理机构给予警告，并对直接责任人员处 1 000 元以上 1 万元以下的罚款；属于船员的，并给予暂扣适任证书或者其他适任证件 12 个月以上直至吊销适任证书或者其他适任证件的处罚；以暴力、威胁方法阻碍内河交通事故调查取证的，依照刑法关于妨害公务罪的规定，依法追究刑事责任。

2．内河交通事故调查处理规定

2006 年 12 月 4 日交通部发布《中华人民共和国内河交通事故调查处理规定》。根据 2012 年 3 月 14 日交通运输部《关于修改〈内河交通事故调查处理规定〉的决定》修正。

（1）总则

1）为了加强内河交通安全管理，规范内河交通事故调查处理行为，根据《中华人民共和国内河交通安全管理条例》，制定本规定。

2）本规定适用于船舶、浮动设施在中华人民共和国内河通航水域内发生的交通事故的调查处理。但是，渔船之间、军事船舶之间发生的交通事故以及渔船、军事船舶单方交通事故的调查处理不适用本规定。

3）本规定所称内河交通事故是指船舶、浮动设施在内河通航水域内航行、停泊、作业过程中发生的下列事件。

①碰撞、触碰或者浪损。

②触礁或者搁浅。

③火灾或者爆炸。

④沉没（包括自沉）。

⑤影响适航性能的机件或者重要属具的损坏或者灭失。

⑥其他引起财产损失或者人身伤亡的交通事件。

4）内河交通事故的调查处理由各级海事管理机构负责实施。

5）内河交通事故按照人员伤亡和直接经济损失情况，分为小事故、一般事故、大事故、重大事故和特大事故。小事故、一般事故、大事故、重大事故的具体标准按照交通部颁布的《水上交通事故统计办法》的有关规定执行。

6）内河交通事故的调查处理，应当遵守相关法律、行政法规的规定。特大事故的具体标准和调查处理按照国务院有关规定执行。

(2) 报告

1）船舶、浮动设施发生内河交通事故，必须立即采取一切有效手段向事故发生地的海事管理机构报告。报告的主要内容包括：船舶、浮动设施的名称，事故发生的时间和地点，事故发生时水域的水文、气象、通航环境情况，船舶、浮动设施的损害情况，船员、旅客的伤亡情况，水域环境的污染情况以及事故简要经过等内容。

海事管理机构接到事故报告后，应当做好记录。接到事故报告的海事管理机构不是事故发生地的，应当及时通知事故发生地的海事管理机构，并告知当事人。

2）船舶、浮动设施发生内河交通事故，除应当按规定进行报告外，还必须在事故发生后 24 h 内向事故发生地的海事管理机构提交《内河交通事故报告书》和必要的证书、文书资料。

引航员在引领船舶的过程中发生内河交通事故的，引航员也必须按规定提交有关材料。

特殊情况下，不能按上述规定的时间提交材料的，经海事管理机构同意，可以适当延迟。

3）《内河交通事故报告书》应当包括的内容

①船舶、浮动设施概况，包括其名称、主要技术数据、证书、船员及所载旅客、货物等。

②船舶、浮动设施所属公司情况，包括其所有人、经营人或者管理人的名称、地

址、联系电话等。

③事故发生的时间和地点。

④事故发生时水域的水文、气象、通航环境情况。

⑤船舶、浮动设施的损害情况。

⑥船员、旅客的伤亡情况。

⑦水域环境的污染情况。

⑧事故发生的详细经过，碰撞事故应当附相对运动示意图。

⑨船舶、浮动设施沉没的，其沉没概位。

⑩与事故有关的其他情况。

4)《内河交通事故报告书》内容必须真实，不得隐瞒事实或者提供虚假情况。

(3) 管辖

1) 内河交通事故由事故发生地的海事管理机构负责调查处理。船舶、浮动设施发生事故后驶往事故发生地以外水域的，该水域海事管理机构应当协助事故发生地海事管理机构进行调查处理。

不影响船舶适航性能的小事故，经事故发生地的海事管理机构同意，可由船舶第一到达地的海事管理机构进行调查处理。

2) 内河交通事故管辖权限不明的，由最先接到事故报告的海事管理机构负责调查处理，并在管辖权限确定后向有管辖权的海事管理机构移送，同时通知当事人。

3) 对内河交通事故管辖权有争议的，由各方共同的上级海事管理机构指定管辖。

4) 一次死亡和失踪10人及以上的内河交通事故由中华人民共和国海事局负责组织调查处理。其他内河交通事故的调查权限由各直属海事管理机构或者省级地方海事管理机构确定，报中华人民共和国海事局备案。

根据调查的需要，上级海事管理机构可以直接调查处理由下级海事管理机构管辖的事故。

(4) 调查

1) 船舶、浮动设施发生内河交通事故，有关船舶、浮动设施、单位和人员必须严格保护事故现场。除因抢险等紧急原因外，未经海事管理机构调查人员的现场勘查，任何人不得移动现场物件。

2) 海事管理机构接到内河交通事故报告后，应当立即派员前往现场调查、取证，并对事故进行审查，认为确属内河交通事故的，应当立案。

对于经审查尚不能确定是否属于内河交通事故的，海事管理机构应当先予立案调查。经调查确认不属于内河交通事故的,应当予以撤销。

3) 调查人员执行调查任务时,应当出示证明其身份的行政执法证件。执行调查任务的人员不得少于两人。

4) 海事管理机构进行调查和取证,应当全面、客观、公正。当事人有权依法申请与本次交通事故有利害关系或者有其他关系、可能影响事故调查处理客观、公正的调查人员回避。

5) 发生内河交通事故的船舶、浮动设施及相关单位和人员应当接受和配合海事管理机构的调查、取证。有关人员应当如实陈述事故的有关情况和提供有关证据,不得谎报情况或者隐匿、毁灭证据。

其他知道事故情况的人也应当主动向海事管理机构提供有关情况和证据。

调查和取证工作需要其他海事管理机构协助、配合的,有关海事管理机构应当予以协助、配合。

6) 根据事故调查的需要,海事管理机构可以责令事故所涉及的船舶到指定地点接受调查。当事船舶在不危及自身安全的情况下,未经海事管理机构批准,不得驶离指定地点。

海事管理机构应当尽量避免对船舶造成不适当延误。船舶到指定地点接受调查的期限自船舶到达指定地点后起算,不得超过72 h;因特殊情况,期限届满不能结束调查的,经上一级海事管理机构批准可以适当延期,但延期不得超过72 h。

7) 根据调查工作的需要,海事管理机构可以行使的权力

①勘查事故现场,搜集有关证据。

②询问当事人及其他有关人员,并要求其提供书面材料和证明。

③要求当事人提供各种原始文书、航行资料、技术资料或者其影印件。

④检查船舶、浮动设施及有关设备、人员的证书,核实事故发生前船舶的适航状况、浮动设施及有关设备的技术状态、船舶的配员情况以及船员的适任状况等。

⑤对事故当事船舶、浮动设施、有关设备以及人员的各类证书、文书、日志、记录簿等相关违法证据可以依法先行登记保存。

⑥核查事故所导致的财产损失和人身伤亡情况。

海事管理机构在进行调查取证时,可以采用录音、录像、照相等法律、法规允许的调查手段。

8) 调查人员勘查事故现场,应当制作现场勘查笔录。勘查笔录制作完毕,应当由当事人在勘查笔录上签名。当事人不在现场或者无能力签名的,应当由见证人签名。

无见证人或者当事人、见证人拒绝签名的,调查人员应当在勘查笔录上注明。

9)调查人员进行询问调查时,应当如实记录询问人的问话和被询问人的陈述。询问笔录上所列项目,应当按规定填写齐全。

询问笔录制作完毕,应当由被询问人核对或者向其宣读,如记录有差错或者遗漏,应当允许被询问人更正或者补充。

询问笔录经被询问人核对无误后,应当由其签名,拒绝签名的,调查人员应当在询问笔录上注明。

调查人员、翻译人员应当在询问笔录上签名。

10)调查人员进行询问调查,有权禁止他人旁听。

11)海事管理机构根据调查工作需要,可依法对事故当事船舶、浮动设施及有关设备进行检验、鉴定或者对有关人员进行测试,并取得书面检验、鉴定或者测试报告作为调查取得的证据。

对事故当事船舶、浮动设施及有关设备进行过检验或者鉴定的人员,不得在本次事故中作为检验、鉴定人员予以聘用。

12)有关单位、人员对事故所导致的财产损失应当如实向海事管理机构备案登记。海事管理机构认为损失结果可能失实的,可以聘请有关专业机构进行认定。

13)海事管理机构应当在立案之日起 3 个月内完成事故调查、取证;期限届满不能完成的,经上一级海事管理机构批准可以延长 3 个月。事故调查必须经过沉船、沉物打捞、探摸,或者需要等待有关当事人员核实情况的,应当从有关工作完成之日起 3 个月内完成事故调查、取证。

14)事故调查、取证结束,应当通知当事人,并及时返还或者启封所扣留、封存的各类证书、文书、日志、记录簿等。

15)事故调查、取证结束后,海事管理机构应当制作《内河交通事故调查报告》。《内河交通事故调查报告》应当包括下列内容。

①船舶、浮动设施概况,包括其名称、主要技术数据、证书、船员及所载旅客、货物等。

②船舶、浮动设施所属公司情况,包括其所有人、经营人或者管理人的名称、地址等。

③事故发生的时间和地点。

④事故发生时水域的水文、气象、通航环境情况。

⑤事故搜救情况。

⑥事故损失情况。
⑦事故经过。
⑧事故原因分析。
⑨事故当事人责任认定。
⑩安全管理建议。
⑪其他有关情况。

经海事管理机构认定的案情简单、事实清楚、因果关系明确的小事故，海事管理机构可以简化调查程序。简化调查程序的具体规定由中华人民共和国海事局另行制定。

16) 为使有关各方吸取事故教训，避免类似事故的再次发生，海事管理机构应当依照规定的程序将查明的事故情况和原因向社会公开。

17) 任何与事故有关的新证据被提出或者发现时，海事管理机构应当予以充分评估。该证据可能对事故原因和结论产生实质性影响的，应当对事故进行重新调查。

上级海事管理机构有权对原因不清、责任不明的已结案事故要求原调查的海事管理机构重新调查。

18) 任何单位和个人不得干涉、阻挠海事管理机构依法对内河交通事故进行调查。

(5) 处理

1) 海事管理机构应当在内河交通事故调查、取证结束后 30 日内作出《事故调查结论》，并书面告知当事船舶、浮动设施的所有人或者经营人。

2) 《事故调查结论》应当包括的内容
①事故概况，包括事故简要经过、损失情况等。
②事故原因（事实与分析）。
③事故当事人责任认定。
④安全管理建议。
⑤其他有关情况。

3) 对内河交通事故发生负有责任的单位和人员，有关主管机关应当依据有关法律、法规和规章给予行政处罚。涉嫌构成犯罪的，移送司法机关处理。

行政处罚涉及外国籍船员的，应当将其违法行为通报外国有关主管机关。

4) 根据内河交通事故发生的原因，海事管理机构可责令有关船舶、浮动设施的所有人、经营人或者管理人对其所属船舶、浮动设施加强安全管理。有关船舶、浮动设施的所有人、经营人或者管理人应当积极配合，认真落实。对拒不加强管理或者在期限内达不到安全要求的，海事管理机构有权采取责令其停航、停止作业等强制措施。

5）海事管理机构工作人员违反本规定，玩忽职守、滥用职权、徇私舞弊的，由其所在单位依法给予行政处分；构成犯罪的，由司法机关依法追究刑事责任。